The Application and
Practice of Etiquette

礼仪的应用与实践

郭虹 詹美燕 米涵希 ◎著

ZHEJIANG UNIVERSITY PRESS
浙江大学出版社

图书在版编目(CIP)数据

礼仪的应用与实践 / 郭虹,詹美燕,米涵希著. —杭州：
浙江大学出版社,2020.12
ISBN 978-7-308-20528-3

Ⅰ. ①礼… Ⅱ. ①郭… ②詹… ③米… Ⅲ. ①社交礼
仪—通俗读物 Ⅳ. ①C912-49

中国版本图书馆 CIP 数据核字(2020)第 163500 号

礼仪的应用与实践

郭 虹 詹美燕 米涵希 著

责任编辑	杨 茜	
责任校对	张一弛	
封面设计	春天书装	
出版发行	浙江大学出版社	
	(杭州市天目山路148号 邮政编码310007)	
	(网址:http://www.zjupress.com)	
排　版	杭州朝曦图文设计有限公司	
印　刷	杭州钱江彩色印务有限公司	
开　本	710mm×1000mm　1/16	
印　张	14.25	
字　数	217 千	
版印次	2020 年 12 月第 1 版　2020 年 12 月第 1 次印刷	
书　号	ISBN 978-7-308-20528-3	
定　价	49.00 元	

目　录

第一章　礼仪的基本概述

第一节　礼仪的概念

中国素有"礼仪之邦"的美称,"礼仪"一词最早出自《诗·小雅·楚茨》"献酬交错,礼仪卒度"。礼仪是人们在长期的社会交往中总结出的一套约定俗成的交往规范,不仅包含了仪容仪表、举手投足的形式和规范,还包含了典礼仪式的进行。

礼仪包含了礼节和仪式,礼节体现了个人对他人、对神明的尊重和敬意,如问候、鞠躬、拱手、跪拜等,这类形式无须借助其他物品就可以完成;而仪式往往具有集体性和社会性,一般需要借助其他道具才能完成,如奠基仪式、祭祀典礼、迎宾仪式、结婚典礼等。人类最早的礼仪活动就是祭祀,为了表达对鬼神、对祖先的敬意,祈求神鬼庇佑、风调雨顺。

由于文化背景的差异,西方礼仪与中国礼仪尽管有相似之处,但在问候礼仪、用餐礼仪、宴会礼仪等方面都存在很大的不同。受儒家思想影响,中国传统礼仪文化强调以和为贵、天人合一、谦虚谨慎、重情重义,因此往往更注重集体利益、邻里情谊等;而西方则更崇尚个人主义,往往充满对自己的认可和自豪感。除此之外,中西方在长幼顺序上也有一定差异,中国强调的尊老爱幼,在餐桌座次、日常称谓等方面均有体现,而西方则倡导自由平等、互相尊重的概念。[①]

随着全球化的进程不断推进,世界各国的文化交流也越来越深入。礼仪作为文化的重要标杆之一,不仅可以体现个人的精神风貌、精神气度,更能彰显一个国家的国民生活习惯、国民素质、国家风范,直观地体现一个国家的文化软实力。由

---

① 张宇琪.中西方社交礼仪差异及成因[J].文化创新比较研究,2018,2(14):195-196.

于各国的传统礼仪规范存在着许多差异,握手、拥抱、鞠躬等国际通用的礼仪显得更为重要,而学习礼仪的重要性也更为突出。礼仪的具体形式随着社会的交流与进步而不断调整,但礼仪的内核不会改变,始终强调尊重、真诚和得体。我们在学习礼仪的过程中,只有将礼仪的内核铭记于心,才能将礼仪的真谛内化于心,而后外化于行,让礼仪真正融入我们日常生活的言谈举止之间。

第二节　礼仪的原则

一、律己原则

礼仪的首要原则是自律,在学会自我规范、自我反省的基础上以礼待人。

二、敬人原则

礼仪的本质是尊敬他人,尊重他人的选择与决定,不欺侮他人。只有对他人尊敬,才能换取他人对自己的尊重,而礼仪则在互相尊重中自然而然地展现。

三、平等原则

平等是礼仪的基础,尊敬他人并不代表要放低自己,要做到既不盛气凌人、趾高气扬,又不低三下四、摇尾乞怜。烛之武面见秦穆公时,不卑不亢的外交政策与高超的谈话技巧让他成功劝退秦兵。可见平等是成功社交的基础,不受家庭、职业、性别、年龄的约束。

四、宽容原则

严于律己,宽以待人,要学会包容和谅解他人不同的行为与价值观,而不是斤斤计较。"退一步海阔天空",多留一些空间给他人,这不仅能给别人带去理解与尊重,更能保持自己内心的平静与淡然。

五、真诚原则

礼仪需要内化于心,才能外化于行,我们在日常相处中需要发自内心地尊重他人,才能真正让对方感受到自己的礼貌与诚意,否则,所谓的礼仪则会沦为谄媚。此外,我们也需要遵守信用,不欺瞒他人,不虚伪。

六、适度原则

礼仪要把握分寸、适度得体。要做到热情但不鲁莽,和气但不谄媚,自尊但不自负,自爱但不自傲,切忌过于亲近轻浮。

七、从俗原则

风俗是礼仪的表现形式之一,而不同地域、国家的风俗习惯各不相同,在交往过程中我们要做到正确认识文化的差异性,尊重各地风俗习惯,入乡随俗,避免产生文化冲突与误会。

第三节 礼仪的作用

随着社会分工的不断深入,人与人之间的沟通与交往愈发密切。礼仪作为人际交往的重要的行为规范,它不能随意改变,也并非可有可无,对个人、集体、社会都有着重大的指导作用。

一、礼仪是个人交际的重要手段

《论语·季氏》中写道:"不学礼,无以立。"[①]礼仪是一个人道德风尚、思想素质、交际能力的重要体现。

在人们的日常交往之中,学习礼仪各项规范,能提升一个人的形象风貌,使他

---

① 出自《论语·季氏篇第十六》第十三章。

人感受到被尊重、被珍视、被理解的喜悦,也能使他人产生亲近感与信任感;参加专业的仪态训练,能在外形上对人的形象进行改善,使人的体态优美、举止协调、穿着得体,充分展现个人风采。

学习社交礼仪可以展现个人魅力,扩大个人交际圈。礼仪不仅可以彰显自身的修养,树立良好的个人形象,还能帮助个人更好、更快地融入社会。适当的交流距离、恰当的笑容、得体的言谈,都能拉近与交往对象的心理距离,快速建立人与人之间的情感纽带。掌握不同场合的交际礼仪,是人扩大交际范围、建立良好的人际关系的必要技能。

学习社交礼仪也有利于建设个人的内心,学会自信、自尊、自爱。礼仪不仅强调尊重他人,使他人在交往中产生舒适感,更强调爱人之前先自爱。学会发现自身的优点,才能找到他人的闪光之处;学会与自己和解,才能在人际交往中做到不卑不亢;学会自我反省,才能在交往中总结经验、不断进步。

二、礼仪是社会和谐的根本

法国名将儒贝尔曾言:"礼仪周全能息事宁人。"礼仪是社会矛盾的舒缓剂,是社会和谐的催化剂。

"社会更加和谐"是全面建设小康社会的目标之一。随着物质生活的不断进步,社会对公民文化素养的要求显著提高,因此,礼仪教育的重要性也随之凸显。一个国家若有完备的礼仪制度,便能上行下效,让百姓在和睦、友好的氛围下其乐融融地相处。

学习礼仪规范能避免个人的不文明行为。许多社会生活的矛盾与冲突源于个人的不文明行为,而有道德、有礼仪的人能够督促自己和他人避免做出无视文明的野蛮行径。守纪律、有礼貌、遵守社会公德、爱护公物、讲究卫生等文明行为,是人的内在美的重要标志。一个态度粗野、满口脏话、不遵守公共道德和公共秩序的人会对社会的和谐产生威胁。《公民道德建设实施纲要》要求人们自觉遵守社会公德、职业道德和家庭美德,通过礼仪文化对社会起净化、美化作用。这样才能形成全社会良好的道德风尚,形成全社会和谐的人际关系,才能营造全社会和谐氛围,塑造和谐心态,促进社会的和谐发展。[1]

礼仪规范能提高沟通效率,避免误会的产生。随着国际交流的迅速发展,国际之间在各个领域上的探讨与沟通都愈发频繁,而良好的礼仪修养有利于信息交互,提高人与人之间交流沟通的效率,进而避免矛盾的发生与激化。我们只有互相了解对方的礼仪、文化,在沟通交流之中互相尊重,用欣赏和包容的态度与对方相处,才能促进社会的和谐交流与发展。礼仪是人与人沟通的桥梁,是社会运行的根基,对亲友和善、邻里和谐、社会安定都有着至关重要的作用。

第四节 礼仪的本质

一、古代礼仪的本质

原始社会的礼仪主要体现了对神鬼的敬意。在原始社会,生产力水平极其低下,人类处于原始、蒙昧的状态,无法理解日月、星辰、风雨、雷电、海啸、山崩、地裂等自然现象,由此对自然界产生了一种神秘感和敬畏感,从而形成了对大自然的崇拜,并按人的形象创造出各种神灵,而后产生了对神灵、祖先的崇拜。人类通过祭祀活动,表达对神和祖先的敬仰、崇拜,期望人类的虔诚能感化、影响神灵和祖先,从而得到保护和力量。在传统丧葬仪式、祈福仪式和祭祀活动之中所体现的崇拜、孝道和对先人死后灵魂不灭的天然的"敬"是礼文化的思想内涵。原始礼仪文化始于敬自然、敬民族祖先,所以礼仪的本质是"敬"[2]。

随着礼仪不断从"神鬼"延伸到"人",古代礼仪逐渐形成了一套完整的社会规范体系。《礼记》成书于西汉,是先秦至汉初儒家各种礼仪著作选集,主要收集了记述和讨论礼制、礼仪的文章,是研究中国古代社会情况、典章制度和儒家思想的重要著作。[3]古代礼仪的本质是区分等级,为了维护宗法等级制度而对国君、卿大

[1] 蒋丽华.浅谈礼仪教育在构建和谐社会中的作用[J].科学咨询,2007(7):39.
[2] 来玉英.从原始文化现象透析礼仪的本质[J].湖北经济学院学报(人文社会科学版),2009,6(6):106-107.
[3] 陈瑛,许启贤主编.中国伦理大辞典[M].沈阳:辽宁人民出版社,1989:203.

夫、士等阶级的行为进行约束,这不仅维系了统治阶级的内部秩序,也加强了对平民和奴隶的统治。

二、现代礼仪的本质

现代社会摒弃了传统的等级制度,自由平等的民主思想已成为当下主流,礼仪的本质也发生了改变。如今,礼仪的本质具有人文性、社会性和道德性,强调尊重他人,约束自己。[①]尊老爱幼、礼敬贤人,人们通过公认的社交方式来沟通感情,而礼仪也充当了社交的必要桥梁,是人际关系的纽带与润滑剂。人们通过礼仪使自己摒除动物的野性,从而具有脱离愚昧、适应环境的能力。

礼仪是一种现代规范,是人与人交往的法则,现代文明在很大程度上也依赖礼仪而建立和发展。礼仪不仅关系到社交,还包括政治外交、人伦道德、自然和谐的方方面面,礼仪的发展程度也能体现一个国家综合素质的发展水平。现代社会中礼仪不可或缺,人们需要相互尊重、相互礼让、相互帮助,在舒适愉悦的相处氛围中传达出礼仪的"敬"与"美"。

第五节　礼仪的分类

礼仪是一门学问,有特定的要求。在家庭、学校和各类公共场所,礼仪无处不在。在人们日常交往的实际应用中,形象礼仪、公共礼仪、社交礼仪等都具有非常强的实用意义。其中,形象礼仪贯穿于生活中的方方面面,需要持续长时间的学习才能做到礼仪周全、得体。在大学校园内,除了日常所需的基本礼仪外,还包括面试礼仪、仪式礼仪等。仪式礼仪在校内举办的各类仪式、活动中具有很高的"出镜率",而面试礼仪对于毕业生求职也至关重要。

按应用范围,一般将礼仪分为政务礼仪、商务礼仪、服务礼仪、社交礼仪、涉外礼仪等五大类。

---

① 建红.论礼仪的本质及其修养[J].邢台学院学报,2008(1):117-119.

一、商务礼仪

在商务活动中，为了体现相互尊重，需要通过一些行为准则去约束人们在商务活动中的各种行为。这其中包括仪表礼仪、言谈举止、书信来往、电话沟通等技巧，从商务活动的场合又可以分为办公礼仪、宴会礼仪、迎宾礼仪等。

二、政务礼仪

政务礼仪是指国家公务机关及相关事业单位在内部沟通交流及对外服务中，与社会接触时的礼仪标准及原则。随着社会的变革与发展，服务型政府的不断完善和进步，政务礼仪的适用人群也拓展至除国家机关外的多数窗口单位的员工。其本质是通过系统的交流原则与技巧，维护机关单位的形象，提高服务的质量与好评度，拉近双方的距离，使工作更加顺利地进行。

三、服务礼仪

服务礼仪是各服务行业人员必备的素质和基本条件。出于对客人的尊重与友好，在服务中要注重仪表、仪容、仪态和语言及操作的规范。热情服务要求服务人员发自内心热忱地向客人提供主动、周到的服务，从而表现出服务员良好的风度与素养。

四、社交礼仪

社交仪礼是指人们在人际交往过程中所具备的基本素质、交际能力等。社交在当今社会人际交往中发挥的作用愈发重要。通过社交，人们可以沟通心灵，建立深厚友谊，取得支持与帮助。通过社交，人们可以互通信息，共享资源，对取得事业成功大有益处。

五、涉外礼仪

涉外礼仪是涉外交际礼仪的简称，即，中国人在对外交际中，用以维护自身形象、对交往对象表示尊敬与友好的约定俗成的习惯做法。

　　此外,我们还可以按照性质将礼仪细分为家庭礼仪、学校礼仪、办公室礼仪、公共礼仪等。在某些场合,也可按照身份细分为教师礼仪、学生礼仪、营业员礼仪、主持人礼仪等。另一种比较常见的分类方式,是按照礼仪的表现形式来区分,具体分为形象礼仪、交谈礼仪、待客礼仪、书信礼仪、电话礼仪、名片礼仪等。

　　本书就形象礼仪、公共礼仪、社交礼仪、办公礼仪、面试礼仪、高校活动礼仪、仪式礼仪及礼仪形体训练进行讲解,不管你是职场达人还是高校学子,这本书都将成为你走进职场的最好工具。

第二章　形象礼仪

第一节　仪容礼仪

一、定义

仪容通常是指人的外观、外貌,是由发型、容貌、体型和个人卫生等构成的。在人际交往中,每个人的仪容都会引起交往对象的特别关注,并将影响到对方对自己的整体评价。

二、注重仪容仪表的意义

注重仪容仪表是个人的一项基本素质,注重仪容仪表反映了企业的管理水平和服务水平,注重仪容仪表是满足每个人的需要,注重仪容仪表体现了个人的自尊自爱。

【小故事】

林肯对长相的要求

曾经有人给林肯推荐一个人,此人才能卓越,但是林肯见面后并没有用他。

推荐人问:您为什么不用他呢?

林肯说:我不喜欢他的长相。

推荐人说:啊? 相貌都是遗传父母的,他能有什么办法呢?

林肯说:你知道吗? 人的长相在30岁以前都是遗传父母的,可是30岁以后却是你自己打造的哦!

三、礼仪服务人员仪容的基本要求

1. 发型

（1）女士的发型

基本要求：头发干净、整洁，没有头屑（见图2-1）。

①短发不得采用爆炸式、超短式造型，头发可卷可直，但是发型不得奇特，长度不得短于两寸，以前不遮眉挡面部，后不超过衬衣领子为宜。

②长发可盘可披发，以场合和职业要求为准，盘发时不得高于耳朵水平线，这样显得不协调。刘海可卷可直，但必须保持在眉毛上方。

③头发尽量以黑色为主，如有白发可染发，染发也以深色为主。职场女性不能染彩发。

④盘发时头上发卡不要超过4个，禁止使用彩色发夹。一般两到三天洗一次头，油性头发可缩短洗发周期，每天一洗。

图2-1　女士发型

（2）男士的发型

基本要求：干净整洁，清爽宜人（见图2-2）。

①不得剃光头、烫发和剪板寸。

②头发长度前不遮眉，后不齐领。

③头发颜色以黑色为宜，白发者可染发，职场男性不能染彩发。

④梳理头发时须避人，在洗手间或者私密空间即可，男士头发要求每天清洗。

图2-2　男士发型

2. 面部要求

（1）女性面部要求

需化淡妆。保持容颜的清雅、秀丽,工作时始终保持完美的妆容,补妆需避人。化妆的步骤:

①基础护理,做好皮肤的保湿护理工作。

②打好底妆。底妆是妆面的基本颜色,要求与自己的皮肤保持协调,颜色与皮肤融为一体,打底色可用食指、中指、无名指拍打,也可用美妆蛋打湿拧干后在脸上轻轻晕开,这样的底妆才会均匀,厚薄适当。不要使用香味过浓的化妆品。

③修饰眼睛与眉毛。眼睛是心灵的窗户,最能反映一个人的内在神采,所以一定要重视眼部化妆,根据着装选择眼影颜色。职场中多以大地色为主,根据亚洲人的眼睛特点,眼部不能用粉色或冷色,否则会让人看起来没有神采,眼影底色涂满眼睑部即可,接近眼睛根部的颜色可以用大地色等深色系,用手更容易涂抹均匀。眼线以外眼线为宜,选择睫毛膏黑色,刷睫毛膏从睫毛根部晕染往外刷,睫毛就会长而翘。眼能传情,眉能传神,所以眉毛是很关键的部位。眉毛分眉头、眉峰和眉尾三部分,眉形分四分之一眉和二分之一眉,应以个人面部特征来画眉,眉的长度是鼻翼、眼位和眉尾的位置为宜,画眉先从眉尾开始画,再到眉峰,最后到眉头,眉头颜色浅,眉尾颜色深。画眉可用眉笔和眉粉,根据个人喜好而定。

④额、鼻、腮的化妆。在给额头化妆时注意色彩,根据额头的宽度来突出凹陷部位,还要根据脸型、体态和职业来选择合适的刘海;鼻子位于面部正中部位,若修饰得当可以在视觉上让其更美丽。鼻子的美化在于鼻影的打造,鼻子短的,鼻

影可以向鼻头和眉头纵长晕染;鼻子宽的,鼻翼两侧都需打上鼻影,使鼻梁突出;鼻子长的,只在内眼角至上眼睑部位打鼻影。

⑤唇部的化妆。唇妆是脸妆的最后一步,也是画龙点睛之处。

要注意唇部的保护,平时可使用润唇膏,使唇部不会干裂、蜕皮,保持唇部本身的美感。

唇部妆容分为小巧玲珑型、丰满型、含笑型、直线型和曲线型等。

如果想让自己有可爱的效果,可用小巧玲珑型;想让自己成熟有魅力,可用丰满型;想让自己有亲切感,可用含笑型;如果年纪偏大,可用直线型。

按照肤色、眼影色彩和着装选择唇彩颜色。唇膏颜色职场中以大红、深红、桃红、玫瑰红为宜。

不太会画唇彩的可用唇线笔先画轮廓,再画唇彩。

⑥卸妆。晚上一定要卸妆才能入睡,否则对皮肤伤害会很大。首先要用专用的卸妆液或卸妆油来卸掉彩妆,还要仔细用洗面奶清洁皮肤,卸妆时不可太用力,尤其是眼部,卸妆巾擦拭脸部时应由下至上擦拭,不要胡乱涂抹。

⑦保持口气清新,不要有异味,上班时可携带口香糖和口气清新剂。

⑧指甲应修剪整齐,根据行业要求,服务业女性不能涂彩色指甲油,以免脱落给他人造成不便,指甲长度留1~2毫米为宜。

【案例】

精心美甲反失机会

有一位姑娘名叫陈丽,她为了应聘一家企业的职位,将自己从头到脚打造了一番——美发,买了新耳环、新眼镜和一身套装,她还专门去做了一个美甲,把指甲上涂上粉色,看起来非常靓丽。

然而,她的精心准备适得其反,当她递简历给面试官时,一看到她的指甲,面试官脸色马上就变了,面试还没结束,陈丽就被请出来了。

(2)男士面部要求

①男士需要面部干净、整洁,保持皮肤的清洁,选择合适的润肤霜,以清香型为宜。

②修面剃须,注意细节部分,随时检查是否有修剪鼻毛。

③保持口腔卫生,口气清新,不要有异味,工作中应带上口香糖或者口气清新剂。

④指甲修理整齐,指甲留1～2毫米为宜。

第二节　仪表礼仪

一、定义

仪表是指人的外表,包括人的容貌、姿态、风度、服饰等方面,它是人精神面貌的体现。

仪表虽然是人的外表,但它代表了一种无声语言,在一定意义上能反映出一个人的修养、性格等特征,整洁大方的仪表能给人带来自信和他人的尊敬。

二、仪表的基本要求

1. 女士正式场合着装

(1)职场着装以套装为主,所谓套装是指上下面料一致,分裤装和裙装。

①色彩:以黑色、藏青、咖啡色、驼色和灰色为主,视环境不同可着鲜艳的颜色,比如晚会、生日宴会和颁奖等特定场合。

②点缀:如果穿正装使用配饰不要超过3件,不适合佩戴过大的耳环和过于夸张的戒指、手链等。

③尺寸:职业裙装裙子的长短以膝盖为中心,上下10厘米为宜,裙子大小松紧适宜,才能显出女性的优美线条。

(2)商务便装以衬衣和裤子,套装裙搭配,衬衣配夹克衫为宜。

①上衣:衬衫可以选择多种颜色和款式,但图案不要太过于花哨凌乱,打底衬衣以单色为宜,可搭配针织衫和毛衣外套。

②裙装:西装上衣可配一步裙、百褶裙和喇叭裙,颜色要与西装协调。

③裤装:西裤、中裤、直角裤、铅笔裤,颜色不能过于鲜艳。

④外套:黑色、白色、灰色、驼色等中性色为宜,款式不宜复杂,力求简单、合身、得体。

⑤大衣:大衣质地要好,做工精细、考究、挺括为宜。

⑥皮鞋:选择与服装搭配适宜的皮鞋,以简单的包头鞋为首选,鞋跟高度以3~5厘米为宜。

【案例】

弄巧成拙

张小姐在一家国企上班,有一次上级派她前往南方某城市参加一个大型外贸商业洽谈会。为塑造良好的形象,张小姐专门穿了一件粉色上衣和蓝色裙裤,然而,她这身打扮使很多人对她敬而远之,最终张小姐没有能完成公司派给她的任务。

讨论:你觉得张小姐着装哪里没有合乎规范呢?

2. 休闲服

休闲服是为适应现代个性化的生活方式而产生的一类服饰,具有生活服饰和职业服饰的双重性。

休闲服较多地体现了回归自然的生活理念,从面料、款式上体现了服饰与人体之间更亲密、更坦诚、更自由、更从容的特征,是新时尚、新观念的服饰语言。面料天然、优质,色彩较亲切、柔和易于吸汗,不需熨烫等复杂打理。

3. 晚礼服

晚礼服是用于庆典、正式会议、晚会、宴会等礼仪活动的服饰。晚装服饰的特色、款式和变化较多,需根据不同的场合和需求来确定。闪亮的服饰是晚礼服永恒的风采,但全身除首饰之外的亮点不得超过两个。晚装多以高贵优雅、雍容华贵为基本着装原则,西式的晚装较为开放,强调美艳、性感、光彩夺目;中式传统晚装以中式旗袍为主,注重表现女士端庄、文雅、含蓄、秀美的姿态。

晚装既讲究面料的品质,也讲究饰品的品质,好的品质可以烘托和映衬女士的社会形象。让女士恰到好处的美是精致,晚装是凸显女性魅力的代表着装,讲究细节的款式和做工的精美。

三、配饰规范

为了使个人的形象更加完美,良好的配饰可以起到画龙点睛的作用。有些配饰的实用价值不是很强,对服装起着辅助、美化的作用。

常见的配饰有:丝巾、围巾、帽子、手套、腰带、包、首饰等。

【案例】

珠光宝气并没有引来喝彩

公司派菲菲去参加一个商务会议。为留下良好印象,菲菲精心打扮了一番:戴一条金项链,一蓝一红两个耳环,并分别在食指、中指和无名指戴上戒指。出乎她意料的是,在会上她并没有得到喝彩,人们反而敬而远之。

讨论:你觉得菲菲哪里不合乎着装规范呢?

1. 丝巾

不管什么场合,利用飘逸柔媚的丝巾稍作点缀,马上就能让女性的穿着更有韵味。可以用丝巾调节脸色,如红色系可映得面颊红润;或是突出整体打扮,如衣深丝巾浅、衣冷色丝巾暖色、衣素丝巾艳等。

但佩戴丝巾要注意,如果脸色偏黄,不宜选用深红、绿、蓝、黄色丝巾;脸色偏黑,不宜选用白色、有鲜艳红色图案的丝巾。

2. 围巾、帽子、手套

在选择围巾、帽子、手套等配饰时,应注意以下事项:

围巾一般在春、冬季节使用得比较多,它要和衣服、季节协调。厚重的衣服可以搭配轻柔的围巾,但轻柔的衣服却绝不能搭配厚重的围巾。围巾和大衣一般都适合室外或部分公共场所穿着,到了室内就应及时摘掉,否则会让人感到压抑。

帽子可以起到御寒、遮阳和装饰的作用。一般来说,男士进房间就应该摘掉帽子。女士的限制少一些,在公共场所也可以不摘帽子,但当自己作为主人在家里宴请别人时,就不能戴帽子。

在西方的传统服饰中,手套曾经是必不可少的配饰。现在,手套已经成了防晒和保护皮肤的用品。

3.腰带

腰带是服饰的装饰品,男士的腰带比较单一,质地多是皮革的,没有太多的装饰。女士的腰带种类很丰富,质地有皮革的、编织物的、其他纺织品的,款式多种多样。

4.戒指

戒指要与手指形状、肤色相配。多肉的手指适合戴无花纹小体积戒指,褐色皮肤或手背肤色偏黑的宜戴金戒指或深色宝石戒指,纤细小手可戴有装饰的戒指。

戒指一般戴在左手,而且最好只戴一枚,最多戴两枚。戴两枚戒指时,可戴在左手两个相连的手指上,也可以戴在两只手对应的手指上。如果是教师,建议只戴婚戒,不戴太夸张的戒指。

【小知识】

戒指暗示的情感现状

戴在中指上,表示正在恋爱中;

戴在无名指上,表示已订婚或者结婚;

戴在小手指上,暗示自己是个独身者;

戴在食指上,表示无配偶或已被求婚。

5.耳环

耳环大小不一,颜色也是五颜六色都有。选择耳环主要考虑自己的脸型、头型、发型等。例如,下颌较尖的人宜佩戴面积较大的扣式耳环;脸较宽的人,宜选择面积较小的耳环。

6.项链

选配项链,要结合自己的体型、脸型、脖子长度和衣服颜色等。例如,体型较胖、脖子较短的人宜选择较长的项链,而身材苗条、脖子细长的人最好选择粗一些的短项链。

【案例】

松下幸之助的眼镜

一天,松下幸之助收到一家眼镜公司给他写的信,信里说:在电视里我看到眼镜影响了你的形象。你到我们店来,我给你配一副合适的眼镜。起初松下幸之助没有理睬,但这个公司三番五次给他写信,最后这个公司的经理亲自过来邀请松下去他们店里一趟,松下一看对方是一位60多岁的老者,不像是一个骗子,于是就答应去一趟。到店里一看,眼镜店特别大,实力特别雄厚。松下幸之助想,他不是想靠我的眼镜发财,因为这不是家小公司,不缺我这一个客户,那又是为什么呢? 他就问那位经理。这位经理说,你的职业需要去国外出差,你戴的眼镜不好,国外的人会认为说日本没有高级眼镜店,为了不让外国人小看日本,我们必须让你戴一副好眼镜。从那以后,松下幸之助经常给他的员工讲这个故事,强调员工注重仪容仪表的重要性,因为走出国门你就代表着一个国家。

四、男士着装要求

1. 正式场合

(1)职场男性着装遵循TPO原则

时间(time):一年分为春夏秋冬,一天分为早中晚,按照不同季节和不同时间着装,才能彰显个人气质;如冬天保暖、夏天透气、春天和秋天要清爽。

地点(place):我们一般有几个常见的环境——家里、单位或者公共场合,所以着装的要求应该随着地点而变换,不要一套衣服"穿到底",给人不好的印象。

场合(occasion):我们每天都会在不同的场合出现,所以着装要与场合协调,参加重要会议和论坛应该着正装和商务便装,如果是娱乐场合,比如乒乓球、羽毛球、体育运动,就该着运动装;要是参加音乐会和宴会,可以着礼服。

(2)四协调原则

要和所处的环境相协调。当人置身在不同的环境、不同的场合,应该有不同的着装,要注意穿戴的服装和周围环境的和谐。比如,在办公室工作就需要穿着正规的职业装或工作服。比较喜庆的场合如婚礼、纪念日等可以穿着时尚、潇洒、鲜亮、明快的服装;悲伤场合如葬礼、遗体告别仪式等,参加者的心情是沉重而悲伤的,所以着装要素雅、肃穆。

要和身份、角色一致。每个人都扮演不同的角色、身份,这样就有了不同的社会行为规范,在着装打扮上也自然有规范。当你是柜台销售人员,就不能过分打扮自己,以免有抢顾客风头的嫌疑;当企业的高层领导人员出现在工作场所,就不能随心所欲地打扮。

要和自身"条件"相协调。要了解自身的缺点和优点,用服饰来达到扬长避短的目的。所谓"扬长避短",重在"避短"。比如身材矮小的适合穿造型简洁明快、小花图案的服饰;肤色白净的,适合穿各色服装;肤色偏黑或发红的,忌穿深色服装;肤色偏黄的,最好不要选和肤色相近的或较深暗的服装,如棕色、深灰、土黄、蓝紫色等,它们容易使人显得缺乏生机。

要和着装的时间相协调。只注重环境、场合、社会角色和自身条件而不顾时节变化的服饰穿戴,同样也不合适。比较得体的穿戴,在色彩的选择上也应注意季节性。如春秋季节适合选中浅色调的服装,如棕色、浅灰色等;冬季可以选偏深色的,如咖啡、藏青、深褐色等;夏装可以选淡雅的丝棉织物。

(3)商务正装款式

①一粒扣西装,根据场合可以扣纽扣,也可以不扣纽扣;

②两粒扣西装,需要扣上面那颗纽扣;

③三粒扣西装,需要扣两颗或者一颗,扣两颗的话要扣上面两颗,扣一颗的话可以扣中间一颗或者上面一颗;

④双排扣西装,需要全扣,所有款式西装入座后全部纽扣都要解开。

(4)商务正装颜色

有这样的说法:对于商务正装的颜色,一色神气,二色帅气,三色正气,四色土气,五色流气,六色匪气。

(5)西装的三一定律

皮鞋、手包和腰带要属于同一个色系。

(6)领带

领带是西装的灵魂,商务男士都知道领带的重要性,但很多人并不知道如何在不同场合挑选出能展现个人魅力的款式;西服、衬衣和领带是男士着装永恒不变的组合。衬衣与领带的组合是西服的基础,衬衣与领带如果搭配得好的话,可以让形象更加有魅力。

领带有四种代表性图案:斜纹、圆点、方格、纯色无图案。

领带的宽度基本与皮带宽度一致,长度落在皮带中间的位置。

（7）袜子

袜子只能穿深色系袜子,以黑色、深灰、藏青和深咖为主,袜子的长度国际上要求至小腿中间处,一般在脚踝之上就可以,但不能低于脚踝。不能穿休闲袜、船袜、格子袜;红色、粉色、白色及鲜艳的颜色都不能穿。

（8）皮鞋

着职场正装宜穿黑色的系鞋带的皮鞋,不可以着休闲鞋、运动鞋、拖鞋、人字拖。

2. 半正式场合

半正式场合是指上班、午宴、一般性洽谈等场合。衣服颜色可以选择中等色、浅色和颜色明亮的深色西装,可以搭配素净、文雅、与西服协调的衬衫,领带可以是有规则图案和素雅单色的。

如果在办公室可以做适当调整,可以穿有领子和袖子的衣服。

3. 非正式场合

什么是非正式场合? 就是指走亲、访友、旅游等休闲场合。这个时候着装相对轻松、自然、自由,颜色可以选择鲜艳明快、花型华美的西服;衬衫跟西服协调搭配,也可以不穿衬衫,西服内穿体恤衫搭配也很协调;领带要根据外套来决定,以舒服礼貌为宜。

【小知识】

给西装找"朋友"

黑色西服,搭配银灰色、蓝色调或红白相间的斜条领带,显得庄重大方,沉着稳健。

暗蓝色西服,搭配蓝色、深玫瑰色、橙黄色、褐色领带,显得淳朴大方,素淡高雅。

乳白色西服,搭配红色或褐色的领带,显得十分文雅。

中灰色西服,搭配砖红色、绿色、黄色调的领带。

米色西服,搭配海蓝色,褐色领带,显得风采动人。

五、仪容仪表自查

1. 职场女性仪容仪表自查

(1)头发是否干净?

(2)头发是否梳理整齐?

(3)是否染了彩发?

(4)发型和发饰是否过于特别?

(5)牙齿是否刷过? 饭后是否已漱口或吃了口香糖?

(6)口中是否有烟酒葱蒜等异味?

(7)身上是否有汗味或其他异味?

(8)指甲是否整齐、干净?

(9)是否涂了鲜艳或另类的指甲油?

(10)香水是否喷得过浓?

2. 职场男性仪容仪表自查

(1)头发是否干净?

(2)头发是否梳理整齐?

(3)是否染了彩发?

(4)头发长度是否合适?

(5)牙齿是否刷过? 饭后是否已漱口或吃了口香糖?

(6)口中是否有烟酒葱蒜等异味?

(7)身上是否有汗味或其他异味?

(8)指甲是否整齐、干净?

(9)胡须是否已剃干净? 如果蓄须,是否干净?

(10)鼻毛是否已修干净?

第三节　仪态礼仪

仪态是指每个人在人际交往中的姿势和风度,姿势是指身体呈现的样子,风度就是一个人的气质,它是由内到外无形的表露,仪态和语言一样,它能向他人表达丰富的思想感情。一个人的仪态就是一个人品格、学识、能力和其他方面的修养。心理学说透过行为看本质,一个人所有肢体动作的呈现都是内在素质和情绪的展现。

仪态由站、坐、行、蹲、微笑、目光和手势等构成。

仪态是表现个人涵养的一面镜子,也是构成一个人外在美好的主要因素。不同的仪态显示出人们不同的精神状态和文化教养,传递出不同的信息,因此仪态又被称为体态语。

一、仪态——基本姿态

1. 规范的站姿——优美挺拔,彰显自信(站如松)

站姿是人的静态动作造型,是人体动态造型的起点和基础。优美的站姿能显示个人的自信。站姿是行、坐、蹲的基础,是仪态美的重要组成部分。

(1)基本要领

站立时,脚位有3种(见图2-3):

①脚跟脚尖并拢为正位脚位;

②两脚跟相靠,脚尖分开45度～60度,为V字脚脚位;

③右脚位于左脚的中后部或左脚位于右脚的中后部,重心落于双脚中间,为丁字位脚位。

正位脚位   V字脚脚位   丁字位脚位

图 2-3 站立的三种脚位

大腿内侧收紧,收腹提臀,腰背挺直(立腰),挺胸,沉肩,挺直脖颈,抬头,头、颈、躯干和脚的纵轴在一条垂直线上;双目向前平视,嘴唇微闭,面带微笑,微收下颌,两臂自然下垂。

男性站姿:双脚分开与肩膀同宽,称为平行式站姿。双手自然放于体前左手搭在右手手腕处,双手还可以在后腰处交叉搭放,从而展示男儿的阳刚之气(见图2-4)。

图 2-4 男性站姿

女性站姿:双手自然放于体前,右手与左手相交握住,称为迎候式,表达欢迎等候的意思;双手手肘自然放在腰际处,双手自然相交握住,称为交谈式;双手贴在肚脐处,胳膊肘与肩膀平行,称为礼仪式,适用于特殊场合,如:奥运会、颁奖典礼等(见图2-5)。

交谈式　　　　　　　礼仪式　　　　　　　迎候式

图2-5　女性站姿

（2）注意姿态

站立时，不要耸肩佝背、东倒西歪，也不要倚靠在墙上或椅子上，这样显得无精打采。站立时，若身躯明显歪斜，如头偏、肩斜、腿曲、身歪、弯腰驼背或是膝部不直，不但破坏了人体的线条美，而且会使自己显得颓废消沉、萎靡不振或自由放荡。另外要注意，不要抖腿，也不要摇晃身体。如果站立的时间久了，可以调整姿态，将左脚或右脚交替后撤一步，将重心置于另一只脚上，但上身仍需挺直，脚不可伸得太远，双脚不可分开过大（女性尤其应当谨记），动作变换不可过于频繁，也不要交叉双腿。

（3）手脚到位

站立的时候，必须注意以正确的手位去配合站姿。双手抱在脑后、用手托着下巴、双手抱在胸前、肘部支在某处、双手叉腰、将手插在衣服或裤子口袋里都是不正确的。与别人交谈时，如果空着手，可双手自然下垂，或双手在体前自然交叉，右手放在左手上。男性也可双手在身后交叉，右手搭在左手上，贴在臀部，但要注意姿态自然，不可盛气凌人。在正常情况下V字步、丁字步或平行步均可采用，但要避免人字步和蹬踩式。人字步即俗称的"内八字"，蹬踩式指一只脚站在地上的同时，把另外一只脚踩在鞋帮上，或是踩踏在其他物品上。

【案例】

背手问好礼貌吗？

住在某酒店的一位酒店高层领导办完事后回到酒店,走出电梯时,一位女服务员背手站在电梯外跟领导问好,领导也很客气地回复了问候,但眼神里带有一丝不满。

2. 洒脱的行姿——动态造型,体现美感(行如风)

行姿也就是我们走路的姿势,以人的站姿为基础,属于站姿的延续运动。协调稳健、轻松敏捷的行姿会使人表现出朝气蓬勃、积极向上的精神状态,体现出一种动态之美,能够将一个人的韵味和风度充分表现出来。

(1)基本要领

身体协调、姿势优美、步伐从容、步态平稳、步幅适中、步速均匀。

起步时,上身略向前倾,身体重心落在前脚掌上。行走时,上身应挺直,头部要保持端正,微收下颌,两肩应保持齐平,挺胸、收腹、立腰,双目要平视前方,表情自然,精神饱满。手臂摆动时,以肩关节为轴,上臂带动前臂,前后自然摆动,幅度以30度~35度为宜,两手自然弯曲,在摆动中离开双腿的距离不超过一拳。

男性的步伐应刚健、有力、稳重,具有阳刚美。

女性的步伐应轻盈、飘逸、优雅,表现出女性特有的恬静、柔情、贤淑,具有窈窕美。

图2-6 女士的步伐

（2）步度和步位

行路时步态是否美观,关键取决于步度和步位。行进时前后两脚之间的距离称为步度,在通常情况下,男性的步度约为40厘米,女性的步度约为30厘米。

女性的步度也与服装、鞋子有关系。通常,穿着以直线条为主的服装时,其步度特点是:庄重大方、舒展矫健;穿着以曲线条为主的服装时,其步度特点是:柔美妩媚、飘逸优雅。行走时脚落地的位置是步位。女士行路时最佳步位是两脚踩在同一条直线上,不走两条平行线;男士则双脚走两条平行线;走路时膝盖伸直,双臂前后自然摆动,向前摆30度,向后摆15度。

【小知识】

透过行为看本质

心理学家发现,走路时,步幅大,步子有弹性,方向感强,摆动手臂,能显示一个人的自信、快乐和能力强。走路时,步幅小,速度时快时慢,缺乏方向感,不摆动手臂,给人的印象则相反。女性走路时,手臂摆得越高,越能显示她的精力充沛和快乐。沮丧、苦闷、恼怒、思绪混乱时,人很少摆动手臂。

（3）走出韵律感

步态美的一个重要方面是步速稳定。要使步态保持优美,行进速度应该保持平稳、均匀,过快过慢都不合适。正常情况下,步速应自然舒缓,显得成熟、自信。在行进过程中,膝盖和脚腕要有弹性,走路时膝盖伸直,腰部理应成为身体重心移动的轴线,双臂要轻松自然地摆动,向前30度、向后15度摆动,有一定的节奏感,也就是要注意步韵。行进时,身体各部位之间保持动作和谐,步调一致,会显得优美自然,否则,就没有韵律感。

（4）注意细节

不论男女,走路的时候都不应将手插在上衣口袋或裤袋中,不能左顾右盼或回头张望,不能盯着行人乱打量甚至评头论足。走路的脚步应干净利落,不可拖泥带水,抬不起脚,也不可以"重磅打锤",砸得地动楼响。行走时要避免八字步、低头驼背、摇晃肩膀、扭腰摆臀或左顾右盼等不良姿态。

（5）变向的行姿

变向行姿是指在行走中,需转身改变方向,同时向他人告别、祝愿、提醒、寒暄等时的行走姿态,主要有以下几种形式:

①后退步。与人告别时,应当先后退两三步,再转身离去,退步时脚轻擦地面,步幅要小,先转身后转头。

②引导步。引导步是用于走在前边给宾客带路的步态。引导时要尽可能走在宾客的左侧前方,整个身体半转面向宾客,保持两步的距离,遇到上下楼梯、拐弯、进门时,要伸出左手示意,并提示客人上楼、进门等。

③前行转身步。在前行中需要拐弯行进时,要在距离所转方向远侧的一只脚落地后,立即以该脚掌为轴,转过全身,然后再迈出另一只脚,即向左拐,要右脚在前时转身;向右拐,要左脚在前时转身。

（6）行走时的礼让

行走时要懂得礼让,和对方人员迎面通过时,要在2~3米位置侧身避让,避让时身体面向对方,并点头致意问好,目送客人离开;如果手里有抱物品,则应该在2~3米位置上步礼让,背对客人,但是将头转向客人,并且问候致意。在对方离开自己1米左右方可离开。

3. 端庄的坐姿——"坐有坐相",从容稳当（坐如钟）

优雅的坐姿能够表现一个人的静态美感,在社交场合,要求人们"坐有坐相"。中国有句俗语"坐如钟",说明坐姿美的关键在于稳。良好的坐姿会让人觉得你是一个彬彬有礼的人。

（1）基本要领

上身直挺,两肩放松,两腿自然弯曲,与地面呈90度,双脚平落地面,坐在椅面的2/3处,勿弯腰驼背,如果是坐在桌前,上体与桌、椅均保持一拳左右的距离,不可前贴桌边,后靠椅背。

男士入座后,双腿可稍微分开,但不应宽于肩部,双脚自然垂地,不可交叉在前,或把腿一前一后伸开,甚至呈八字状。

女士入座时,双腿并拢,脚跟靠紧,两手相握放在膝间,入座前腿与座椅应有一英尺的距离,就坐时右腿后退半步,碰到座椅后轻坐到椅子上,坐下后双腿并拢,双膝合拢,后背挺直,目光平视前方,面带微笑。

坐着与人交谈时,身体微微前倾,上体与两腿应同时转向对方的斜45度位置,身体转向对方,双目正视说话者。

女士坐姿分为6种(见图2-7):

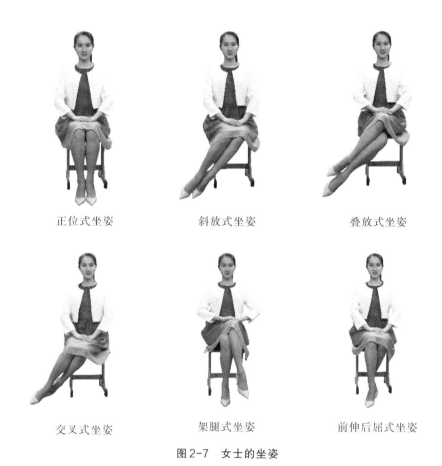

正位式坐姿　　　　　　　斜放式坐姿　　　　　　　叠放式坐姿

交叉式坐姿　　　　　　　架腿式坐姿　　　　　　前伸后屈式坐姿

图2-7　女士的坐姿

①正位式坐姿:脚跟脚尖并拢,小腿与大腿呈90度,大腿与上体呈90度,后背挺拔,坐椅面的2/3处。

②斜放式坐姿:左脚跟右脚同时放于身体的斜前方45度位置,脚尖向外。

③叠放式坐姿:双脚在身体斜前方45度位置,一只脚放于另外一只脚上,双腿重叠。

④交叉式坐姿:双脚在身体斜前方45度位置,脚在身体的右侧,左脚就放在

右脚后面交叉,脚在身体的左侧,则右脚放在左脚后面交叉。

⑤架腿式坐姿:又名跷二郎腿,一只腿立于身体正前呈90度,另外一条腿放在上面,脚尖往下。

⑥前伸后屈式坐姿:一条腿立于身体正前方呈90度,另外一条腿膝盖放于前面腿的小腿处,前脚掌着地。

男士坐姿分为4种(见图2-8):

正位坐姿　　　　　平行式坐姿　　　　　架腿式坐姿　　　　前伸后屈式坐姿

图2-8　男士的坐姿

①正位坐姿:双脚脚跟、脚尖并拢,双手放于大腿上。

②平行式坐姿:双脚打开与肩同宽,双手放于大腿上。

③架腿式坐姿:又名跷二郎腿,一只腿立于身体正前呈90度,另外一条腿放在上面,脚尖往下。双手重叠放在膝盖上。

④前伸后屈式坐姿:一条腿立于身体正前方呈90度,另外一条腿膝盖放于前面腿的小腿处,前脚掌着地。男士膝盖分开。

(2)礼让从容

入座时先要礼让尊长,不可抢在来宾、长辈、上级或女士前就座,无论什么原因,抢座都是失态的表现。不管从什么地方走向座位,通常都讲究"左进左出"。就座时,应转身背对座位,如距座位较远,可将右脚向后移半步,等到腿部接触到座位边缘后,再轻轻坐下。入座时的动作应该轻而缓,从容自如,无论男女坐下时都尽量不要发出声响,即使调整坐姿也要悄无声息,这是一种尊重他人的良好教养。

(3)保持稳定

就座时,不要把双腿直挺挺地伸向前方,身前有桌子的话,则要防止双腿伸到外面,否则不但有损坐姿的美感,而且会妨碍他人。坐下时,手脚不宜乱动,半躺半坐、跷脚都会给人以一种傲慢的感觉,惹人生厌。在别人面前就座时,切勿反复抖动或是摇晃自己的腿部。否则,会令人心烦意乱,甚至给人留下不够稳重的印象。在非正式场合,当跷着脚坐时,悬空的那只脚要尽量伸直脚背,不可脚尖朝上。为了贪图舒适,将腿部高高跷起,架上、蹬上、踩上身边的桌椅,或者盘坐在座椅上,都极为不妥。

【案例】

孟子休妻

战国时期的思想家、政治家和教育家孟子,是继孔子之后儒家学派的主要代表人物,被后世尊奉为仅次于孔子的"亚圣"。

孟子一生的成就,与他的母亲从小对他的教育是分不开的。孟母是一位集慈爱、严格、智慧于一身的伟大母亲,为后人留下了"孟母三迁""孟母断织"等富有深刻教育意义的故事。孟子成年娶妻后,孟母仍不断利用处理家庭生活的琐事等去启发、教育他,帮助他从各方面进一步完善人格。

有一次,孟子的妻子在房间里休息,因为是独自一个人,便无所顾忌地将两腿叉开坐着。这时,孟子推门进来,一看见妻子这样坐着,非常生气。原来,古人称这种双腿向前叉开坐为箕踞,箕踞向人是非常不礼貌的。孟子一声不吭就走出去,看到孟母,便说:"我要把妻子休掉。"孟母问他:"这是为什么?"孟子说:"她既不懂礼貌,又没有仪态。"孟母又问:"因为什么而认为她没礼貌呢?""她双腿叉开坐着,箕踞向人,"孟子回道,"所以要休她。""那你又是如何知道的呢?"孟母问。孟子便把刚才的一幕说给孟母听,孟母听完后说:"没礼貌的人应该是你,而不是你妻子。难道你忘了《礼记》上是怎么教人的?进屋前,要先问一下里面是谁;上厅堂时,要高声说话;为避免看见别人的隐私,进房后,眼睛应向下看。你想想,卧室是休息的地方,你不出声、不低头就闯了进去,已经先失了礼,怎么能责备别人没礼貌呢?没礼貌的人是你自己呀!"

一席话说得孟子心服口服,再也没提什么休妻的话了。

4. 美观的蹲姿——从容典雅,美观大方

蹲是由站立的姿势转变为两腿弯曲和身体高度下降的姿势,是人们在比较特殊的情况下所采用的一种暂时性的体态。虽然是暂时性的体态,但也是有讲究的。正确蹲姿一般有以下要求:

①下蹲捡东西时应自然、得体、大方,不要遮遮掩掩,扭扭捏捏。

②下蹲时,两腿合力支撑身体,避免摔倒。

③女性无论采用哪种蹲姿,都要合拢双腿,臀部向下。

蹲姿一般采取以下4种姿势:

(1)高低式蹲姿

下蹲时,双腿不是并排在一起,而是左脚在前,右脚稍稍在后。左脚应完全着地,小腿基本上垂直于地面;右脚则脚掌着地,脚跟提起。此时右膝低于左膝,右膝内侧可靠于左小腿的内侧,臀部向下,基本上用右腿支撑身体。男性选用这一方式往往更为方便。

(2)交叉式蹲姿

通常适用于女性,尤其是穿短裙的人员。它的特点是造型优美典雅。其特征是蹲下后双腿交叉在一起。

其要求是:下蹲时,右脚在前,左脚在后,右小腿垂直于地面,全脚着地,右腿在上,左腿在下,两者交叉重叠,左膝由后下方伸向右侧,左脚跟抬起,并且脚掌着地,两脚前后靠近,合力支撑身体,上身略向前倾,臀部朝下。

(3)半蹲式蹲姿(见图2-9)

半蹲式蹲姿多在行进之中临时采用。基本特征是身体半立半蹲。

其要求是:下蹲时,上身稍稍弯下,但不宜与下肢构成直角或锐角,臀部向下,双膝略为弯曲,其角度可根据需要可大可小,但一般应为钝角,身体的重心放在一条腿上。

（4）半跪式蹲姿

半跪式蹲姿又叫单跪式蹲姿，它是一种非正式蹲姿，多用于下蹲时间较长，或为了用力方便之时。它的特征是双腿一蹲一跪。

其要求是：下蹲之后，改为一腿单膝着地，臀部坐在脚跟之上，脚尖着地，另外一条腿全脚着地，小腿垂直于地面，双膝同时向外，双腿尽力靠拢。

另外还需注意，在公共场所下蹲时应尽量避开他人的视线，尤其是有他人在身边的时候，更要注意彼此间的距离，防止下蹲时撞到对方。

女士还要切记：无论采用哪种蹲姿，都要将双腿靠紧，臀部向下，上身挺直，使重心下移，绝对不可以双腿分开而蹲，这种蹲姿叫"卫生间姿势"，是最不雅的动作。下蹲时还要注意用一只手护住胸部，防止走光。

图2-9　半跪式蹲姿

【案例】

弯腰失风采

王小姐是总经理办公室秘书,年轻美丽、积极热情,因此深得公司管理层的赞许。有一次,公司来了一位重要的客户,总经理跟他在办公室洽谈。不久,会谈结束,总经理叫王小姐准备一份合同文件。

不料,张小姐在推门时,不小心把文件撒了一地。她没有多想,赶紧弯下腰去收拾文件,而她那向后翘起对着客户的臀部令客人感到非常不好意思。

5. 正确的手势——注重风度,正确使用

手势是人们交往时不可缺少的动作,是最有表现力的一种"体态语言"。俗话说:"心有所思,手有所指",手的魅力并不亚于眼睛,甚至可以说,手就是人的第二双眼睛,作为仪态的重要组成部分,应正确使用手势。

手势分为三种手势,八个方位,根据我们不同的场合随时变化(见图2-10)。

图2-10 手势图

手势要领:五指并拢,手掌微斜,掌心向上,小臂带动大臂,小臂和大臂90度到120度之间。

在商务交谈中,用手指指点他人是失礼的行为。伸出食指向对方指指点点,这个手势表示对对方的轻蔑与指责。

不同的手势,有不同的含义。在不同的场合应正确使用不同的手势,才不会造成不必要的误会。尤其应注意在不同国家、地区,手势的含义有很多差别,同一手势表达的含义也不同。

(1)手势的种类

常见的手势有:OK手势、V形手势、竖起大拇指、伸直食指、掌心向下的招手动作、拳掌相击等。

OK手势:此手势源于美国。拇指和食指合成一个圈,其余三手指伸直。在美国、英国表示同意、赞同、了不起的意思;在法国表示"零"或"毫无价值";在德国表示"笨蛋";在突尼斯表示"傻瓜";在泰国表示没问题;在日本、韩国表示金钱;在巴西表示粗俗下流。

V形手势:此手势源于英国。在大多数国家这个手势都可表示数字"2";食指和中指分开并伸直,掌心向外,表示"胜利"。如果掌心向内在某些国家,则是骂人、贬低人的意思。在希腊,做这种手势,即使掌心向外,手臂伸直,也有对人不恭之嫌。

竖起大拇指:一般都表示夸奖、赞赏别人。在我国表示"好""了不起"。但也有例外:在美国和欧洲部分地区,拇指上伸表示"好""行",拇指向左、向右伸则表示向司机示意搭车方向;在德国、意大利表示数字"1",在日本表示"5";在希腊,拇指上伸表示"够了",拇指向下伸表示厌恶、讨厌。和别人说话时把拇指伸出反向指向第三者,是对第三者的嘲讽。

伸直食指(握拳):在大多数国家这个手势都表示数字"1";在法国表示"请求提问";在新加坡表示"最重要";在澳大利亚表示"请再来一杯啤酒"。

掌心向下的招手动作:在中国主要是招呼别人过来,在美国则是叫狗等宠物过来。

拳掌相击:在中国多表示为自己鼓劲或叫好的意思。但在意大利、智利等许多国家,则表示诅咒语。

(2)手势的禁忌

使用手势宜亲切自然,手势的直线宜软宜硬,动作切忌快、猛。

注意不能掌心向下,不能用手指点人。

运用手势要注意与面部表情和身体其他部位动作的配合,这样才更能体现对其他人的尊重和礼貌。

【案例】

周恩来高超的体态语言

1992年4月10日的《公共关系导报》中有一篇描写周恩来体态语言的文章《举手投足皆潇洒,一笑一颦尽感人——周恩来高超的体态语》,其中写道:

周恩来在半个多世纪的革命生涯中,形成了独特的周恩来风格的体态语:仪表堂堂,温文尔雅。爱以不停顿的双手做着很大、很轻快的手势,而他的眼睛则不停地上下闪烁,甚至连讲话时,头部时而微微一偏的动作,都具有不可抗拒的吸引力……

在交往中,周恩来运用最多的体态语是握手,通过握手向对方输送了友好、理解、欢迎、尊重等各种信息。1954年日内瓦会议期间在会议室里,周恩来出人意料地向美国国务卿杜勒斯伸出手去,这是一个让人捉摸不透的先发制人之举,屋里人都呆呆地看着杜勒斯如何反应。这个美国人的脸一下子绷紧,脸色煞白,审慎地摇摇头,然后把手抄在背后,随即往后转,逃也似地走出门外。周恩来处变不惊,镇定自若地凝视着杜勒斯的背影,高雅地耸耸肩,并风度十足地举起他的双手,似乎在说:"这是什么行为啊!"这无与伦比的体态语,使他在全世界赢得了朋友。许多外国朋友认为,这位穿草鞋的中国人在这种突变场合下表现得很高贵。

他善于用眼睛说话,一位欧洲女作家说,他的眼睛是他身上最惊人的特点,总是闪着并迅速移动,人人都发现他是不可抗拒的。

他在演讲时,步履矫健,昂首挺胸,神色自然,仪态万千,全身洋溢着自信和激情。他时而平静,时而激动,时而温和,时而愤怒,而这一切都是那样得体和恰如其分。

二、仪态——面容表情

1. 微笑的表情——发自内心,自然坦诚

微笑是与人交往过程中最富吸引力、最令他人愉悦、也最有价值的面部表情,它是一种国际性语言,可以和语言相互配合,甚至可以起到语言难以起到的作用。自信的微笑充满着无穷的力量,礼貌的微笑会如春风化雨般浸润人们的心田,真诚的微笑则表示着对他人的尊重、理解和支持。

(1)基本原则

微笑时,基本的要求是不出声,不露齿,肌肉放松,嘴角两端略微向上翘起,让嘴唇呈弧形,面含笑意,亲切自然。

(2)注意整体配合

微笑虽然是一种简单的表情,但要真正地运用成功,除了注意口型外,还要注意面部其他各部位的相互配合。一个人在微笑时,目光应当柔和发亮,双眼略微睁大,眉头自然舒展,眉心微微向上扬起,这就是人们通常所说的"眉开眼笑"。除此以外,可以将下巴向内自然地稍稍含起,还要避免耸动鼻子和耳朵的动作(见图2-11)。

图2-11　微笑的表情

【案例】

微笑的回报

一家航空修理公司经理让他的员工去一家合作企业拿一份重要的材料,结果每位去拿材料的员工都被对方的科长骂了回来。航空修理公司经理就把这个任务交给了小李。小李见了那个科长,什么也没有说,微笑、微笑还是微笑,一个劲地点着头微笑。等那个科长骂了一阵子后,小李说:"科长,你很善于表达你内心的愤怒呀!"后来,科长看了看小李说:"嗯,这小伙子不错!我也不为难你了,你把材料拿回去吧!"

就这样,别人没有拿到的材料,小李拿到了。这就是微笑的回报。

(3)做到心灵的微笑

自然坦诚的微笑才是最美丽、最动人的。不管任何场合,我们都不可故作笑脸,使自己的微笑变成假笑、媚笑、冷笑、怪笑、大笑、狂笑等。微笑一定要发自内心,一定要让它体现内心深处的真、善、美。不要露出微笑后立刻收起,也不要把微笑只留给领导、朋友等少数人。

【案例】

微笑是最完美的礼仪

20多年前的美国,曾发生过一条轰动性新闻:有个路人把4万美元现金给了加州一位6岁的小女孩,而这个路人与这个小女孩素不相识,并且智力也没有什么问题。后来,小女孩在家人的再三追问下,终于若有所悟地说:"他好像说了一句话——你天使般的微笑,化解了我多年的苦闷!"原来,路人是个富翁,但过得并不快乐,平时他脸上一直是冷若冰霜,谁也不敢对他笑。当他遇到小女孩时,她那真诚的微笑使他心中感到温暖,打开了他尘封多年的心扉。

莎士比亚曾说:如果你一天中没有笑一笑,那你这一天就算是白活了。心理学家认为,会不会笑,是一个人能否适应周围环境的标尺。中国古语说:非笑莫开店。真诚的微笑没什么成本,但回报很多,价值百万;它能让家中产生快乐,在生意中让对方产生好感;是失望者的希望,悲哀者的阳光,是大自然解除疾病的良药;真诚的微笑,可以使一个人变得开朗,给人们带来宽慰……

微笑是一个人最完美的礼仪。

2. 恰当的眼神——真诚自然,恰当适宜

人们经常说"眼睛是心灵的窗户",这是因为心灵深处的奥秘常常会自然地从眼神中流露出来。文学大师泰戈尔也说过:"一旦学会了眼睛的语言,表情的变化将是无限的。"由此可见眼神强大的表现力。在各种礼仪形式中,眼神运用得当与否将直接影响交往的质量,因此,我们要学会恰当地使用眼神。

(1)注意视线停留的部位

从视线停留的部位可以反映出人际关系的状态。

一是视线停留在眼部与胸部之间的三角形区域,这被称为亲密注视,一般用于恋人、家人等比较亲近的人。

二是视线停留在双眼与肩膀之间的三角形区域,这被称为社交注视或平等注视,是社交场合常见的视线交流位置。这也是针对熟悉的人。

三是视线停留在对方前额与眼睛之间的一个三角形区域,此为公务注视,这种注视方式能造成严肃的气氛,一般用于洽谈、磋商等场合,针对陌生人比较适合。在人际沟通中,运用眼神要注意根据关系亲密程度来确定视线停留部位,也可以依据环境、场合来确定。

(2)注意视线接触对方的时间

与人交谈时,视线接触对方脸部的时间应占全部谈话时间的1/3~2/3。若向对方表示友好,则注视对方的时间应占全部谈话时间的1/3左右;若向对方表示关注,或者是表示有兴趣时,则注视对方的时间应占全部谈话时间的2/3左右;若注视对方的时间不到谈话时间的1/3,则表示瞧不起对方或对对方没有兴趣。还要注意的是,与别人视线接触的时间也不是越长越好,若注视对方的时间超过了全部谈话的2/3,则表示可能对对方抱有敌意,或为了寻衅滋事,就很尴尬了。

【小知识】

眼 语

人们在日常生活中借助眼神来传递信息,称为眼语,在人类的感觉器官中,眼睛最为敏感,它通常能接收人类发出的所有信息的70%左右。

因为世界上最干净的地方就是眼睛。

(3)注视的角度

注视的角度是平视和侧视;平视就是视线与对方眼睛在一条平行线的位置,

侧视是身体面向其他方向,头部转向被注视的人。不可以斜视和藐视,那样显得不尊重和不礼貌。

(4)注视的方式

注视人的方式应该是认真和专注的。眼睛要聚光,如果是老师,眼睛就要看着孩子的面部,如果在企业则需要看着对方眼睛认真地交流,这样才能给人信任感和好印象。

(5)注意眼神的变化

眼神的变化能准确传递某种信息。首先,要注意视线的方向,不同的视线方向表达不同的含义,仰视表示思索,俯视表示忧伤,正视表示庄重,斜视表示蔑视等,不可随便使用。其次,眼神的变化要自如协调,要与声音语言有机地配合在一起,不能只顾眼神或者将两者分离。最后,眼神变化要与其他的表情动作协调一致,成为一个有机的整体。眼神变化后,即完成了一个意思的表达,之后要马上恢复正常,否则就会产生行不达意的后果。

另外还要注意一些细节,如当你被介绍与他人认识时,眼睛要友好地看着对方的脸部,不可上下打量。进入上级办公室,不要常将目光落在桌上的文件上。上台讲话时,要先用目光环顾一下四周,表示对所有与会者的尊重。社交场合最忌和别人眉来眼去,或者使用满不在乎的眼神,这是极不礼貌和缺乏修养的表现。

【案例】

面试中的眼神

在北京大学举行的一次模拟面试中,12位选手并排坐在一起,面对4位资深面试官,而台下则有100名现场"观众"。

不久,作为面试官之一的电气工程项目主管张女士指出,一些面试者在回答问题时眼睛总是环顾四周,到处张望。因此,她提醒同学们,如果去到真正的面试现场,一定要目光专注,面带微笑,与面试官有眼神的交流,这样不仅可以表达尊重,更是坦然无惧的体现。

第三章 公共礼仪

第一节 礼貌用语

礼貌用语,是指在语言交流中使用表达尊重与友好的词语。礼貌用语是尊重他人的具体表现,是友好关系的敲门砖,是人际交往的催化剂。

在日常生活中,尤其是在社交场合中,礼貌用语显得尤为重要。多说客气话不仅表示对别人的尊重,而且表明自己有修养。多用礼貌用语,不仅能使双方气氛融洽,而且有益于交际。

一、基本礼貌用语

(1)祝福用语:是指人们表达美好祝福的语句,如"您真有福气""祝您平安、顺意、健康"等。

(2)迎送用语:是接待来访客人及与人告别时必不可少的礼貌语,如"欢迎您""再见"等。

(3)致谢用语:表示感谢的用语,如"谢谢""多谢了""十分感谢"等。

(4)拜托用语:是指当你向他人提出某种要求或请求时应使用的必要的语言,如"请多关照""承蒙关照""拜托"等。

(5)慰问用语:表示安慰问候的用语,如"辛苦了""受累了""麻烦你了"等。

(6)问候用语:一般不强调具体内容,只表示礼貌。在使用上通常简洁、明了,不受场合的约束。无论在任何场合,与人见面都不应省略问候语。如"您好""早安""午安""晚安""多日未见您好吗"等。

(7)祝贺用语:用于庆祝和道喜的用语,如"祝您节日快乐""祝您演出成功"

"祝您考研顺利"等。

(8)征询用语:是指在交往中,尤其是在接待的过程中,经常使用的诸如"您有事需要帮忙吗""我能为您做些什么""您还有什么事吗""我可以进来吗""您不介意的话,我可以看一下吗""您看这样做行吗"等征询性的语言,这样会使他人或被接待者感觉受到尊重。

(9)应答用语:用于回应和答复的用语。如"没关系""不必客气""照顾不周还请多指正""谢谢您的好意"等。

(10)理解用语:如"深表同情""深有同感""所见略同"等。

(11)道歉用语:在日常交往中,人们有时难免会因为某种原因影响或打扰了别人,尤其是当自己失礼、失约、失陪、失手时,都应及时、主动、真心地向对方表示歉意,如"实在对不起""请原谅""打扰您了""失礼了"等。

(12)婉言推辞用语:是指当不便或不好直接说明本意时,采用婉转的词语加以暗示,使对方意会的语言,如"很遗憾,不能帮您的忙""承蒙您的好意,但是我还有很多工作呢"等。

二、敬语

敬语,亦称"敬辞",它与"谦辞"相对,是表示尊敬和礼貌的用语。除了表示礼貌之外,多使用敬语,还可以体现出一个人的文化修养。

1. 使用场景

敬语主要在以下几种场景中使用:

(1)比较正规的社交场合。

(2)与师长或身份、地位较高的人交谈。

(3)与人初次打交道或会见不太熟悉的人。

(4)会议、谈判等公务场合等。

常见的敬语有"请""您""贵公司""尊夫人"等。敬语尤其多用在称呼对方的亲属,如与别人谈话或给别人写信,在提及对方的亲属时,常常使用"令""尊""贤"三个字。在日常生活中,敬语也有一些习惯用法,如"请教""包涵""打扰"等。这些敬语使用的频率比较高。又如:与人初次见面时可说"久仰",很久未见可用"久违"，等候客人用"恭候"，请人勿送说"留步"，陪伴朋友用"奉陪"，中途先走用"失陪"，请人批评用"指教"，求人原谅用"包涵"，请给方便用"借光"，求人指教用"赐教"，向人道贺用"恭喜"，看望别人用"拜访"，宾客来访用"光临"，赞赏见解用"高见"，欢迎消费用"光顾"，老人年岁用"高寿"，小姐年龄用"芳龄"，他人来信称"惠书"等等，都可以归为敬语范围。

3. 注意要点

在使用敬语时需要注意下列几个问题：

（1）要心有所诚，才能口有所言。在说敬语时，必须先在思想上尊重别人，才能在语言上表现出对别人的敬意，要注意神态的专注和语气的真诚。语言是思维的外壳，它还必须有与之相呼应的内涵才行，否则就会显得阴阳怪气，反而让人感到不舒服。

（2）与不同的对象交谈时，使用不同的敬语。这也就是说，当你使用敬语时，必须有针对性地加以选用。

（3）要努力养成使用敬语的习惯。当然，这其中的关键仍在于时时都存有敬人之心。只有这样，才会处处注意使用敬语。

三、谦语

谦语，亦称"谦辞"，是向人表示谦恭的一种词语。使用谦语和使用敬语一样，两者都体现了说话人本身的文明修养。它们是同一事物的两个方面，即对人使用敬语时，对己则使用谦语。

谦语的用途，较之敬语要稍少一些，它较多地出现在书面语中。现在常见的谦语主要有以下几种：

（1）敢——表示冒昧地请求别人。

（2）不才——自我谦称。

（3）笨鸟先飞——指能力差的人，做事怕落后，比别人先行动。

（4）才疏学浅——意为学而不广，学而不深。

（5）过奖——对方过分地表扬或夸奖。

（6）不敢当——表示承担不了招待、夸奖等。

另外,自谦和敬人,是不可分割的统一体。尽管在日常生活中谦语的使用不多,但其精神却是无处不在的。只要你在日常用语中表现出你的谦虚和恳切,人们自然也会对你报以尊重。客套话婉辞,是指对不便直言的事用委婉含蓄的词语来表达。在我们这样一个具有悠久文化传统的国家里,尤其是在社交场合,更要多运用婉辞,它能体现出一个人尊重他人的素质。客套话是表示客气的话,熟练地使用客套话是有礼貌的表现。常用的客套话主要有以下几种:

(1)慢走——用于送客人时的客套话。

(2)留步——是客人告辞时对主人说的话。

(3)借光——用于请别人给自己行方便或向别人询问。

(4)劳驾——用于请别人做事或让路。

(5)失礼——称自己礼貌不周或请别人不要计较。

(6)失陪——因事不能相陪。

四、雅语

雅语是指一些比较文雅的词句。在一些正规的场合及一些有长辈或女性在场的情况下,雅语常常被用来替代那些比较随便甚至粗俗的话语。多使用雅语,能体现出一个人的文化素养及尊重他人的个人素质。

在待人接物中,要是你正在招待客人,在端茶时,你应该说:"请用茶"。如果还用点心招待,可以说"请用一些茶点"。假如你先于别人结束用餐,应该向其他人打招呼说:"请大家慢用。"生活中我们也常用"上洗手间""去卫生间"来代替"上厕所"这样的词语。这种例子自然是数不胜数,但雅语的使用也不是机械的、固定的。只要你的言谈举止彬彬有礼,人们就会对你的个人修养留下较深的印象。只要大家注意使用雅语,必然会对形成文明、高尚的社会风气大有益处,并对我国整体民族素质的提高有所帮助。

第二节　礼貌礼节

礼貌指在人际交往中,通过言语、动作向交往对象表示谦虚和恭敬。它体现了时代的风尚与道德水准,体现了人们的文化层次和社会的文明程度。礼貌侧重于表现人的品质和素养。礼貌包括礼貌语言和礼貌行为。礼节是礼貌的表现形式,指人们在日常生活和社交场合相互问候、致意、祝愿、慰问及给予必要协助与照料的惯用形式,是礼貌的具体表现方式,是礼貌在仪表、仪容、仪态及语言、行为等。本书重点对几种常见的行礼礼仪进行讲述。

一、点头礼

点头礼一般用于同辈及同级别人之间,属于比较快速但双方关系比较生疏的礼节。点头礼的做法是头部向下轻轻一点,同时面带笑容(见图3-1)。注意不要反复点头不止,点头的幅度不宜过大。其适用的范围很广,如路遇熟人或与熟人、朋友在会场、剧院、歌厅、舞厅等不宜交谈之处见面,以及遇上多人而又无法一一问候之时,都可以点头致意。行点头礼时,最好摘下帽子,以示对对方的尊重。

图3-1　点头礼

二、挥手礼

挥手礼是指在日常生活中举手致意、挥手道别并致以问候,大多显得随意,并无具体的标准要求。但在国际商务礼仪中,举手致意礼和挥手道别礼也可伴以相关的语言。但两者都有其标准的礼仪规范。

1. 举手致意

(1)全身直立,面带微笑,目视对方,略略点头。

(2)手臂轻缓地由下而上,向侧上方伸出,手臂可全部伸直,也可稍作弯曲。

(3)致意时伸开手掌,掌心向外对着对方,指尖指向上方。

(4)手臂不要向左右两侧来回摆动。

在商务活动中,当你向别人举手致意并打招呼时,应该距离对方三四步,不宜太远,也不可过近。举手致意并打招呼时,男士应欠身或点头,如果戴了帽子则要摘下来。在商务用餐场所或其他商务场合遇到熟人,应当主动向对方举手致意、打个招呼,这是一种有礼的表示,显示出友好和善意,也是对别人的尊重(见图3-2)。

图3-2 举手致意

2. 挥手道别

(1)身体站定,腰挺直。

(2)目视对方,不要东张西望或看向别处。

（3）可用右手，或双手并用，不要只挥动左手。

（4）手臂尽力向上前伸，不要伸得太低或过分弯曲。

（5）掌心向外，指尖朝上，手臂向左右挥动；用双手道别，两手同时由外侧向内侧挥动，不要上下摇动或举而不动。

3. 相关用语

在国际商务礼仪的举手致意礼中，与之相伴的相关言辞一般是"您好"，这句招呼用语简洁明了，同时又是对他人的一种祝福。随着国际交往越来越频繁，一声节奏明快的"您好"适用于不同社会群体的任何人。

而在挥手道别时的用语上，常伴以"请回""请留步"等语言，对方则以"慢走""恕不相送"等语言回应。如果道别一方是远行，可说"祝你一路顺风""一路平安"、"代问××好"等告别语。如果在商务活动中，拜访你的对象或所拜访的对象距离比较近，可说"有空再来""有时间来坐坐""有空来喝茶"等，也可说"代问家人好"以示礼貌。

三、合十礼

合十礼，又称"合掌礼"，原是印度古国的文化礼仪之一，后为各国佛教徒沿用为日常普通礼节。行礼时，双掌合于胸前，十指并拢，以示虔诚和尊敬。遇到不同身份的人，行此礼的姿势也有所不同。

此礼可分为跪合十、蹲合十、站合十三大类。日常交往中站合十最为常用。

跪合十礼适用于佛教徒拜佛祖或僧侣的场合，行礼时右腿跪地，双手合掌于两眉中间，头部微俯，以表恭敬虔诚。

蹲合十礼是佛教盛行国家的人拜见父母或师长时所用的礼节，行礼时身体下蹲，将合十的掌尖举至两眉间，以示尊敬。

站合十礼是佛教盛行的国家平民之间、平级官员之间相见，或公务人员拜见长官时所用的礼节，行礼时端正站立，将合十的掌尖置于胸部或口部，以示敬意。行合十礼时，可以问候对方或口颂祝词。

因佛教中不兴握手，所以在我国，一般非佛教徒对僧人施礼，也以行站合十礼为宜。

四、鞠躬礼

鞠躬,即上身向前弯曲,源自古代祭天仪式。后世演绎成日常礼节,弯腰、低头,避开对方视线,向其表示恭顺和没有敌意,逐渐成了向人致意、表示尊敬、谢意、致歉等的常用礼节。

鞠躬即弯身行礼,它既适合于庄严肃穆或喜庆欢乐的仪式,又适用于普通的社交和商务活动场合。

1. 常见的鞠躬礼(见图3-3)

(1)一度鞠躬

一度鞠躬表示欢迎和问候客人,鞠躬15度为宜。

(2)二度鞠躬

二度鞠躬表示欢迎和问候重要客人,鞠躬30度为宜。

(3)三度鞠躬

三度鞠躬表示非常欢迎对方和表示非常感谢和抱歉,一般鞠躬45度和60度,在特殊场合比如婚礼鞠躬和致哀时可行90度鞠躬,在日本,多以鞠躬90度为主。

图3-3 鞠躬礼

2. 行鞠躬礼的注意要求

(1)行礼时,立正站好,保持身体端正。

(2)面向受礼者,与受礼者之间的距离为80~100厘米。

(3)以腰部为轴,整个肩部向前倾(具体视行礼者对受礼者的尊敬程度而定),

同时问候"您好""早上好""欢迎光临"等等。

(4)朋友初次见面、同志之间、宾主之间、下级对上级及晚辈对长辈等,都可以行鞠躬礼表达对对方的尊敬。

行鞠躬礼时面对客人,并拢双脚,视线由对方脸上落至自己的脚前1.5米处(15度礼)或脚前1米处(30度礼)或脚前0.4米处(60度礼)。男性双手放在身体两侧,女性双手合起放在身体前面。鞠躬时必须伸直腰、脚跟靠拢、双脚尖处微微分开,目视对方,然后伸直腰背,由腰开始将上身向前弯曲。鞠躬时,弯腰速度要适中,之后抬头直腰,动作可慢慢做,这样会令对方感觉很舒服。

鞠躬时要注意,如果是戴着帽子,应将帽子摘下,因为戴帽子鞠躬既不礼貌,帽子也容易滑落,使自己处于尴尬境地。鞠躬时目光应向下看,表示一种谦恭的态度,不要一面鞠躬,一面试图翻起眼睛看对方。

五、拱手礼

拱手礼,又称作揖,是古代汉民族的见面礼。行礼时,双手互握合于胸前。拱手礼适用于民间见面或约会朋友,双方告别等,拱手表示寒暄、打招呼、恭喜等。

拱手礼之核心动作便是"拱手"。即双手相交而握,日常行拱手礼置胸前居多。行拱手礼时,一般右手在内,左手在外;中国古人以左为敬,所以行拱手礼时,左手在外,以左示人,表示真诚与尊重。若遇丧事行拱手礼,则正好相反。女子行拱手礼时,左手在内,右手在外;若遇丧事行礼,则反之。

拱手礼的正确做法是:双腿站直,上身直立或微俯,左手在前、右手握拳在后,两手合抱于胸前,有节奏地晃动两三下,并微笑着说出问候。

行礼时最好避免在着装和行礼上采用中西结合的方式。如穿西服拜年时最好行鞠躬礼,而不行抱拳拱手礼或作揖,否则反差过大让人觉得别扭。

六、抱拳礼

抱拳礼,与"拱""揖礼"类似。抱拳,是以左手抱右手,自然抱合,松紧适度,拱手,自然于胸前微微晃动,不宜过烈、过高。用左手抱右手,这称作"吉拜",相反则是不尊重对方的"凶拜"。

1. 抱拳礼的具体含义

（1）左掌表示德、智、体、美"四育"齐备，象征高尚的情操。屈指表示不自大，不骄傲，不以"老大"自居。右拳表示勇猛习武。左掌掩右拳相抱，表示"勇不滋乱""武不犯禁""止戈为武"，以此来表达约束、节制勇武的意思。

（2）左掌右拳拢屈，两臂屈圆，表示五湖四海（左手掌五个手指指五湖，击左掌的右手四个手指四海），天下武林是一家，谦虚团结，以武会友。

（3）左掌为文，右拳为武，文武兼学，虚心、渴望求知，恭候师友、前辈指教。

2. 具体行礼方式

并步站立，左手四指并拢伸直成掌，拇指屈拢；右手成拳，左掌心掩贴右拳面，左指尖与下颏平齐。右拳眼斜对胸窝，置于胸前屈臂成圆，肘尖略下垂，拳掌与胸相距20~30厘米。头正，身直，目视受礼者，面容举止自然大方。

第三节　基本礼仪

一、电梯礼仪

1. 厢式电梯

（1）乘坐厢式电梯最基本的礼仪是要尊重长者、女士、领导、外宾等。等候电梯时，应该站立在电梯门口的右侧，离开电梯时也应该从电梯门右侧走出，以避免相互拥挤。乘电梯时也应当遵守先出后进、左行右立原则，不能争先恐后。

（2）先进电梯的人应该用手按住电梯开关的开门键防止门关闭，让其他人安全进入。按照国际传统礼仪，进入电梯时不能让外宾先进，无人看管电梯应当由接待人员先进入电梯以表示安全。如果电梯里有负责开关电梯的人，则请领导或者来宾先进入。

（3）靠近电梯按钮的人应当主动询问其他人要到哪一层，并为其按下楼层按钮。比较晚下电梯的人应当尽量往里站，以减少上下电梯时的拥挤。

（4）与领导一起乘坐电梯时，我们应该遵循以右为尊的原则，站在来宾或领导的左边45度或90度的位置，还要面带笑容，并且与来宾或领导主动打招呼致意。

（5）电梯里不要大声喧哗、吃东西、抽烟，尽量不要打喷嚏或咳嗽，以免给其他人造成困扰。女孩子不应该在电梯里化妆，长发不应该甩头发，以免影响他人。

（6）离开电梯时，让领导或来宾先出，接待者随后快步跟上，如果电梯里还有其他客人，应该让靠近门口的人先出，然后在电梯开关处按住看门键，以免出门时被电梯门夹到。

2. 自动扶梯

（1）乘坐自动扶梯时，人应该靠右侧站立，右手扶梯，确保安全。不要两个人并排站，应留出左侧通道供有急事的人通行。

（2）乘坐扶梯时应主动照顾同乘的老人、小孩、残疾者踏上电梯，以防止跌倒受伤。

（3）乘坐电梯往上时，购物车、行李箱等物品应当放在自己上方一级台阶；乘坐电梯往下时，应该放在身后一级台阶，避免电梯突然停止伤到他人。

（4）乘坐自动扶梯前后有人时，最好保持一级台阶的距离，以防止给别人造成心理压力。

（5）乘坐电梯时不应该蹦跳、嬉戏、奔跑、运送笨重物品。

3. 在不同场合的电梯礼仪

（1）在医院乘坐电梯时，要讲究卫生，不应该随意接触电梯各个部分，以降低遭到感染疾病的风险；尽量不要打喷嚏，忍不住时应当用手肘捂住口鼻；要时刻注意病人优先的原则，尤其是急救病人和坐轮椅的病人。

（2）在政府机关乘坐电梯时，应当保持安静，尊重女士、外宾、领导。

（3）在酒店的电梯里，要注意与其他人的和谐相处，打招呼时面带微笑、目光对视，以表明相互尊重。

【案例】

不遵守"电梯礼仪"，扣奖金

张小姐所在公司在一幢15层的小楼里，楼已旧，电梯也跟不上需求，又小又慢。上班高峰期时，大家都争先恐后往里挤，没能挤进去的人，只能默默地看着电梯门在面前合拢，然后等下一班，或下下一班……

据老同事说，类似的状况已持续多年。直到有一天 A 老板上任才改变这种局面。

他一来就瞧这个电梯不顺眼，有人听见他走出电梯就开始嘀咕："怎么素质那么差……"上任第二周，在他的授意下，行政部迅速出台了"电梯礼仪大全"，条条框框细致入微："如果有陌生人，应该让他先进电梯，因为他可能是客户""进电梯后，最靠近控制板的人要长按开门键，保证所有人都进电梯后再按关门键，并帮助电梯深处不便伸手的人按下楼层键""看见有人赶电梯，要帮他开门，如果已经满员，要向他说明"……

这套"电梯礼仪大全"可不只是走走形式就算了。听说老板在开中层干部会议时，专门抽出半个小时来传达，并且要求部门经理们将规定传达到每一个人。在电梯里，从老板到中层，都有责任"管教"下属，而全体人事部职员更是充当了"侦察兵"，不管是谁，只要一被逮到违反"电梯礼仪大全"，当场批评教育，不服管教的，还要记下胸牌号扣奖金。

平心而论，大家都觉得这套礼仪挺好，利己利人。偶然有违反的，也是因为积习难改。最搞笑的一回，是隔壁部门一个女孩，在电梯里跟同事谈得眉飞色舞，没有按下电梯开门键等待乘客，待她猛然一回头，发现缓缓合上的电梯门缝里，赫然露出大老板的脸！她一声惨叫扑过去按开门键，已经来不及了。后来大老板把她叫去批评了 20 分钟，不过态度倒还和蔼，也没扣她奖金——他的本意，也不是真要处罚一个无心犯错的员工，而是要让公司上下都知道他对此很重视。

电梯礼仪其实是所有乘电梯的人都应该遵守的。几乎所有的高楼，在上下班高峰时都存在电梯繁忙这个问题。有些人上下班走楼梯，其实也是个不错的选择，还可以锻炼身体。

二、介绍礼仪

1. 自我介绍

（1）应酬式：适用于某些公共场合和一般性的社交场合，这种自我介绍最为简洁，往往只包括姓名一项即可。

（2）工作式：适用于工作场合，应包括本人姓名、供职单位及其部门、职务或从事的具体工作等。

（3）交流式：适用于社交活动中，希望与交往对象进一步交流与沟通。它大体应包括介绍者的姓名、工作、籍贯、学历、兴趣及与交往对象的某些熟人的关系。

（4）礼仪式：适用于讲座、报告、演出、庆典、仪式等一些正规而隆重的场合。包括姓名、单位、职务等，同时还应加入一些适当的谦辞、敬辞。

（5）问答式：适用于应试、应聘和公务交往。问答式的自我介绍，应该是有问必答，问什么就答什么。

2. 自我介绍的注意事项

（1）注意时间：要抓住时机，在适当的场合、适当的时机进行自我介绍。可以在对方有空闲且情绪较好，又有兴趣时进行自我介绍，这样能够避免打扰对方。自我介绍应当简洁，以半分钟左右为佳。为了节约时间，做自我介绍时，还可以用名片、介绍信加以辅助。

（2）讲究态度：进行自我介绍时，态度一定要做到自然、友善、亲切、随和。要尽量做到落落大方、彬彬有礼。既不能唯唯诺诺，又不能虚张声势、轻浮夸张。语气要自然，语速要正常，语音要清晰。

（3）真实诚恳：进行自我介绍时要实事求是，信息要讲究真实可信，不可自吹自擂或夸大其词。

3. 为他人做介绍

在公共场合介绍他人时，介绍的顺序是一个比较敏感的问题。在为他人做介绍时，必须遵守"尊者优先知情权"原则。先要确定双方地位的尊卑，然后先介绍位卑者，后介绍位尊者。这样，可使尊者先了解位卑者的情况。根据规则，为他人作介绍时的礼仪顺序大致有以下几种：

（1）介绍上级与下级认识时，先介绍下级，后介绍上级。

（2）介绍长辈与晚辈认识时，应先介绍晚辈，后介绍长辈。

（3）介绍年长者与年幼者认识时，应先介绍年幼者，后介绍年长者。

（4）介绍女士与男士认识时，应先介绍男士，后介绍女士。

（5）介绍已婚者与未婚者认识时，应先介绍未婚者，后介绍已婚者。

（6）介绍同事、朋友与家人认识时，应先介绍家人，后介绍同事、朋友。

（7）介绍客人和主人认识时，应先介绍客人，后介绍主人。

（8）介绍与会先到者与后来者认识时，应先介绍后来者，后介绍先到者。

4. 集体介绍

在大型活动或者运动会及集体活动，以主要代表为开头做介绍，比如：×××等同志参加本次活动；×××等同学参加本次比赛。

5. 介绍的方法与介绍时的细节

以为他人做介绍为例，介绍时首先要确定三方的安全距离，应在80～100厘米，介绍时介绍人应该手心朝上，五指并拢，介绍谁手就指向谁，同时目光专注，面带微笑，声音轻而柔，给人舒服的感觉。

在介绍他人时，介绍者与被介绍者都要注意一些细节。

（1）经介绍与他人相识时，不要有意拿腔拿调，或是心不在焉；也不要低三下四、阿谀奉承地去讨好对方。

（2）介绍应语言明快，脉络清楚，忌啰嗦。介绍他人时最好加上尊称或者职务，如先生、夫人、博士、经理、律师等。

（3）介绍者为被介绍者做介绍之前，要先征求双方被介绍者的意见。被介绍者在介绍者询问自己是否有意认识某人时，一般应欣然表示接受。如果实在不愿意，应向介绍者说明缘由，取得谅解。

（4）当介绍者走上前来为被介绍者进行介绍时，被介绍者双方均应起身站立，面带微笑，大大方方地目视介绍者或者对方。女士、长者有时可不用站起。宴会、谈判会上，略略欠身致意即可。

（5）介绍者介绍完毕，被介绍者双方应依照合乎礼仪的顺序进行握手，并且彼此使用"您好""很高兴认识您""久仰大名""幸会"等语句问候对方。不要心不在焉，要用心记住对方的名字，以免造成尴尬。

（6）如果其中有媒体人士，要清楚地告知对方。这一点在比较敏感的人群中要格外注意。

（7）介绍过程中如果有个别的失误，不要回避，自然、幽默地及时更正是明智、从容的表现。

【小知识】

如何为他人做介绍

为他人做介绍时,要避免给任何一方厚此薄彼的感觉。不可以将一方介绍得面面俱到,而将另一方介绍得简略至极。也不可以对被介绍的一方冠以"这是我的好朋友",因为这似乎暗示另外一个人不是你的朋友,显得不友善,也不礼貌。

介绍人陈述的时间宜短不宜长,应在较短的时间内,将双方的基本信息陈述出来,使双方迅速互相了解。

如果介绍人感到时间宽裕、气氛融洽,在为被介绍人做介绍时,除了介绍姓名、单位和所任职务外,还可以介绍双方的爱好、特长、学历、荣誉等,为双方提供交流的机会。

三、名片礼仪

现代名片是一种经过设计、能表示自己身份、便于交往和开展工作的卡片。名片不止可以用作自我介绍,而且还可用作祝贺、答谢、拜访、慰问、赠礼附言、备忘、访客留话等。在人际交往中,名片可以用来推销自己,快速地与人熟悉,只有懂得如何熟练地使用它,才能发挥它的用途。

1. 名片的内容与分类

名片的基本内容一般有姓名、工作单位、职务、职称、通信地址等,也可以把爱好、特长等情况写在上面,选择哪些内容,由需要而定,但无论繁、简,都要求形式新颖,形象定位独树一帜。一般情况下,名片可分两类。

(1)交际类名片。除基本内容之外,可以印上组织的徽标,还可以在中文下面标注英文,或在背面英文,便于与外国人交往。

(2)公关类名片。公关类名片可在正面介绍自己,背面介绍组织及其经营范围,公关类的名片有广告效应,能使组织获得更大的社会效益和经济效益。

2. 名片的设计

名片的语言一般要简明清晰、实事求是,传递个人的基本情况,从而达到方便彼此交际的目的。在现实生活中,我们可以看到有些名片语言幽默、新颖,别具一格。在设计上,除了文字外,还可借助有特色或象征性的图画符号等非语言信息辅助传情,增强名片的表现力,但不能有烦琐的装饰,以免喧宾夺主。

【小知识】

名片三"不"

不随便进行涂改

不提供私宅电话

不写两个以上的头衔

3. 递接名片的方法

双手递双手接,名片的正面朝向对方。拿到名片后应仔细拜读3～5秒,赞扬之声溢于言表,递接时面带微笑目光专注,与对方保持安全距离80～100厘米,并带上称呼和敬语(见图3-4)。

图3-4　递接名片

4. 名片的放置

一般说来,名片最好的去处是名片夹,但是现代人很多不愿意使用名片夹,那么男士可放置于上衣左胸里外口袋处,女士可以夹在书里或拿在手上,到办公室再妥善收藏。

名片切忌放在腰以下的口袋里,更不能放在皮夹子里,这样对对方特别不尊重。

5. 名片交换的注意事项

（1）与西方、中东、印度等外国人交换名片可以只用右手，与日本人交换名片要用双手。

（2）当对方递给你名片之后，如果自己没有名片或没带名片，应当首先对对方表示歉意，再如实说明理由。如："很抱歉，我没有名片""对不起，今天我带的名片用完了，过几天我会亲自寄一张给您"。

（3）向他人索要名片最好不要直来直去，可委婉索要。

方法之一，是"积极进取"。可主动提议："某先生，我们交换一下名片吧"，而不是单要别人的。

方法之二，是"投石问路"。即先将自己的名片递给对方，以求得其予以"呼应"。

方法之三，是虚心请教。比如说："今后怎样向您求教"，以暗示对方拿出自己的名片来交换。

方法之四，是呼吁"合作"。例如，可以说："以后如何与您联系？"这也是想要对方留下名片。

（4）如对方向你索要名片，你实在不想满足对方的要求，也不应直言相告，为让对方不失面子，你可以表达得委婉一点。通常可以这样说："对不起，我忘了带名片"，或是"不好意思，我的名片刚刚用完了"。

【案例一】

一次尴尬的名片交换

米老师与某公司老总见面商谈授课事宜，其间米老师与对方老总交换了名片入座，米老师把对方的名片妥善收藏后与老总交流，老总拿到米老师的名片并没有收藏好，而是将名片放在了桌面。老总有抽烟的癖好，交流过程中老总看到桌上烟灰越来越多，于是，拿起米老师的名片扫起了烟灰，这时米老师很尴尬地看着老总的这个举动，聊了几句后，米老师就告辞离开了。

提问：请问老总的行为合乎职场礼仪吗？为什么？

【案例二】

名片的失误

某公司新建的办公大楼需要添置一系列的办公家具,价值数百万元。公司的总经理已经决定向A公司购买这批办公用具。

这天,A公司的销售部负责人打电话来,要上门拜访这位总经理。总经理打算等对方来了,就在订单上盖章,定下这笔生意。

不料A公司代表比预定的时间早到了2个小时,因为他们听说这家公司的员工宿舍也将在近期内落成,希望员工宿舍需要的家具也能向A公司购买。为了谈这件事,销售负责人还带来了一大堆的资料,摆满了会议室桌面。总经理没料到对方会提前到访,刚好有事,便请秘书让对方等一会。这位销售员等了不到半小时,就开始不耐烦了,一边收拾起资料一边说:"我还是改天再来拜访吧。"

这时,总经理发现对方在收拾资料准备离开,不小心把自己刚才递上的名片掉在了地上,对方却并没发觉,走时还无意间从名片上踩了过去。但这个不小心的失误,却令总经理改变了决定,A公司不仅没有机会与对方商谈员工宿舍的家具购买订单,连几乎已经到手的数百万元办公家具的生意也告吹了。

A公司销售部负责人的失误看似很小,其实是巨大而不可原谅的。名片在商业交际中是一个人的化身,是名片主人"自我的延伸"。弄掉了对方的名片已经是对他人的不尊重,更何况还踩上一脚,顿时让这位总经理产生反感。再加上对方没有按预约的时间到访,不曾提前通知,又没有等待的耐心和诚意,丢失了这笔生意也就不是偶然的了。

四、握手礼仪

1. 握手礼的由来

握手最早发生在人类刀耕火种的年代。那时,如果发生了战争,人们手上经常会拿着石块或棍棒等武器。当遇见陌生人时,如果双方都无恶意,就要放下手中的武器,并伸开手掌,让对方抚摸自己的手掌心,表示手中没有武器。这种习惯逐渐演变成了今天的握手礼。

2. 握手的方式

（1）姿势

确定双方保持安全距离80～100厘米后，身体以标准站姿站立；上半身略前倾；右手手臂前伸，肘关节屈；拇指张开，四指并拢，虎口相对。职场中不分性别，都以虎口相对。

（2）神态

与人握手时应目光专注与对方平视，面带微笑。神态应专注，热情、友好、自然。并且口道问候。

（3）时间与力度

握手时间一般为3～5秒，握手时用力应适度，不轻不重，恰到好处。如果手指轻轻一碰，刚刚触及就离开，或是懒散地慢慢相握，缺少应有的力度，会给人勉强应付、不得已而为之之感。一般来说，手握得紧是表示热情，男人之间可以握得较紧，甚至将另一只手也加上，包括对方的手大幅度上下摆动，或者在手相握时，左手又握住对方胳膊肘、小臂甚至肩膀，以表示热烈。但是注意既不能握得太使劲，使人感到疼痛，也不能过于无力，不像个男子汉。对女性或陌生人，轻握是很不礼貌的，尤其是男性与女性握手应热情、大方、用力适度（见图3-5）。

图3-5 握手的方式

（4）特殊场合握手方式

在大型酒会或者冷餐会中，女士着晚礼服，男士着燕尾服时，握手方式就有变化，女士与女士、男士与女士只能握手的手指部分，轻轻碰触即可，但男士与男士之间还是跟职场握手一致，虎口相对，刚劲有力。

3. 握手的顺序

（1）男女之间握手。男士要等女士先伸出手后才握手。如果女士不伸手或无握手之意，男士可以向对方点头致意或微微鞠躬致意。

（2）宾客之间握手。主人有向客人先伸出手的义务。在宴会、宾馆或机场接待宾客，当客人抵达时，不论对方是男士还是女士，女主人都应该主动先伸出手。男主人因是主人，尽管对方是女宾，也可先伸出手，以表示对客人的热情欢迎。而在客人告辞时，则应由客人首先伸出手来与主人相握，在此表示的是"再见"之意。

（3）长幼之间握手。年幼的人一般要等年长的人先伸手，和长辈及年长的人握手，不论男女，都要起立趋前，并脱下手套握手，以示尊敬。

（4）上下级之间握手。下级要等上级先伸出手。但涉及主宾关系时，可不考虑上下级关系，做主人的应先伸出手。

（5）一个人与多人握手。若是一个人需要与多人握手，则握手时亦应讲究先后次序，由尊而卑，即先年长者后年幼者，先长辈后晚辈，先老师后学生，先女士后男士，先已婚者后未婚者，先上级后下级，先职位、身份高者后职位、身份低者。

4. 握手的禁忌

（1）不要用左手与他人握手，尤其是在与阿拉伯人、印度人打交道时要牢记这一点，因为在他们看来左手是不洁的。

（2）不要在握手时争先恐后，而应当遵守秩序，依次而行。

（3）不要戴着手套、墨镜、帽子握手，在社交场合女士的晚礼服手套除外。

（4）与基督教徒交往时，要避免握手时与对方相握的手形成交叉状，这种形状类似十字架，在基督教徒眼中是很不吉利的。

（5）不要在握手时将另外一只手插在口袋里。在握手时另外一只手不要依旧拿着香烟、报刊、公文包、行李等东西而不放下。

（6）不要在握手时与第三方打招呼。这样忽视别人是不礼貌的。

【案例】

以握手判断取舍

纽约一家大公司以年薪60万美元的待遇招聘一位重要的工程师。

该公司有关部门经过再三考核,最终筛选出两名候选人。这两名人选各方面的条件旗鼓相当,公司难以定夺。于是,经办人就向老板做了汇报。老板表示:"下星期一上班时,请他们两位来,让我面试。"周一一上班,经办人员就将这两位候选人的详细材料呈送给了老板。老板喝完咖啡,没看材料就让候选人来面试。经办人颇感惊讶地提示老板:"您是否先看一下材料再……"老板果断地说:"不用了,你就去叫吧!

两位候选人先后进来,握手后,老板简单地和他们聊了几句。然后,老板当即表态,决定录用第一位面试者。事后,经办人问老板:"您连材料都没看,怎么这么快就做出决定了呢?"老板回答说:"我是通过握手的感觉来做出选择的。"老板看到经办人感到诧异,就做了说明:"第一位和我握手时,我感到他的手比较温暖,握手时用力适当,再加上他的谈吐自然,给人一种充满自信、有亲和力、身体健康的感觉;而第二位和我握手时,他的手冰凉、出冷汗,握手时无力,还在颤抖,给人的感觉显得拘谨矜持,身体不够健康。"经办人再翻阅这两人的材料,果然发现第一位身体健康,性格开朗,而第二位确实患有高血压,而且性格内向。

思考:

张总的秘书(女性)代表张总去机场接一位领导(男性),请问,在机场碰面后,是秘书先伸手握手,还是等领导先伸手再握手呢?

五、乘坐礼仪

交通出行已经成为现代社会人们日常生活的重要组成部分。我们无论是乘坐轿车、公共汽车,还是乘坐火车、轮船、飞机,都应遵守一定的礼仪规范。

1. 乘坐轿车——让出行变得愉快

乘坐轿车,通常是讲究快节奏、高速度的人士在出门时的首选。乘车时间虽然短暂,但仍有保持风度、以礼待人的必要,不能只为了快速抵达目的地而忘乎所以,不考虑其他。

自轿车发明以来,根据安全、舒适、方便等因素,车内座位就被人们规定了尊卑、主次。乘坐轿车时,应当牢记的礼仪问题主要涉及座次、举止、上下车顺序等三个方面。

(1)座次

在比较正式的场合,乘坐轿车时一定要分清座次的尊卑,并在适合自己之处就座,而在非正式场合,则不必过分拘礼。从礼仪角度来讲,轿车上座次的尊卑主要取决于下述4个因素。

①轿车的驾驶者

驾驶轿车的司机,一般可分为两类人:一是主人,即轿车的拥有者;二是专职司机。国内目前所见的轿车多为五座与七座,以下分述其驾驶者不同时,车上座次尊卑的差异。

ⅰ.由主人亲自驾驶轿车时:

一般前排座为上,后排座为下,以右为尊,以左为卑。

在双排五人座轿车上,座次由尊而卑依次是:副驾驶座为一号位,后排右座为二号位,后排左座为三号位,后排中座为四号位。

在三排七人座轿车(中排为折叠座)上,座位由尊而卑依次是:副驾驶座,后排右座,后排左座,后排中座,中排右座,中排左座。

乘坐主人驾驶的轿车时,最重要的是不能令副驾驶座空着。一定要有一个人坐在那里,以示相伴。由先生驾驶自己的轿车时,则其妻子一般应坐在副驾驶座上。由主人驾车送其友人夫妇回家时,友人之中的男士,一定要坐在副驾驶座上与主人相伴,而不宜形影不离地与其妻子坐在后排,那将是失礼之至。因为那样做,相当于将主人当作出租车司机或专职司机,是对主人的极不尊重。

ⅱ.由专职司机驾驶轿车时:

通常仍讲究右尊左卑,但座次同时变化为后排为上,前排为下。

在双排五人座轿车上,座位由尊而卑依次为:后排右座,后排左座,后排中座,副驾驶座。

在三排七人座轿车(中排为折叠座)上,座位由尊而卑依次为:后排右座,后排左座,后排中座,中排右座,中排左座,副驾驶座。

②轿车的类型

上述方法,主要适用于双排座、三排位轿车,对于其他一些特殊类型的轿车并不适用,如吉普车、多排轿车等。吉普车,简称吉普,是一种轻型越野轿车,大都是四座车。不管由谁驾驶,吉普车上座次由尊而卑均依次是:副驾驶座,后排右座,后排左座。多排座轿车,指的是四排以及四排以上座次的大中型轿车。其不论由何人驾驶,均以前排为上,以后排为下;以右为尊,以左为卑;并以距离前门的远近,来排定其具体座次的尊卑。以一辆六排十七座的中型轿车为例,其座位的尊卑依次应为:第二排右座,第二排中座,第二排左座,第三排右座,第三排中座,第三排左座,第四排右座……

③轿车上座次的安全系数

从某种意义上讲,乘坐轿车理当优先考虑安全问题。从客观角度讲,轿车上后排座比前排座要安全得多。最不安全的座位,当数前排右座。最安全的座位,则当数后排左座(驾驶座之后),或是后排中座。当主人亲自开车时,之所以以副驾驶座为上座,既是为了表示对主人的尊重,也是为了显示与之同舟共济。由专人驾车时,副驾驶座一般也叫随员座,通常坐于此处者为随员、译员、警卫等。有鉴于此,一般不应让女士坐于由专职司机驾驶的轿车的前排座,孩子与尊长也不宜在此座就座。在许多城市,出租车的副驾驶座经常不允许乘客就座,这主要是为了防范歹徒劫车,其实也是出于安全考虑。

④轿车上嘉宾本人的意愿

通常,在正式场合乘坐轿车时,应请尊长、女士、来宾就座于上座,这是给对方的一种礼遇。然而更为重要的是,不要忘了尊重嘉宾本人的意愿,必须尊重嘉宾本人对轿车座次的选择,并将这一条作为最重要的原则。应当认定:嘉宾坐在哪里,哪里就是上座。即便嘉宾不明白座次,坐错了地方,也不要轻易指出或纠正。这时,务必要讲求"主随客便"。

上面这4条因素往往相互交错,在具体运用时,可根据实际情况而定。

(2)举止

与其他人一同乘坐轿车时,应将轿车视为一处公共场所。在这个移动的公共

61

场所里,同样有必要对个人的行为举止加以约束。具体说来,应当注意以下几点。

①礼让有序。上下轿车时,要井然有序,互相礼让。不要推推搡搡,拉拉扯扯,尤其是不要争抢座位,更不要为自己的通行之便抢占座位。

②动作雅观。上下车的姿势是大有讲究的。由于上下车方法不同,有的人仪态优雅,有的人笨拙不堪。例如,在送行者的目光注视下上车时,那种弯着腰,头先往车里钻,屁股朝着别人的动作,就很不雅观。仪态优雅的上车方式是提起膝盖,浅坐在座椅上,然后把头伸入汽车,最后把膝盖收拢转向前方,身体朝着车的正前方。女士上车时应采用"背入式",即将身子背向车厢入座,坐定后随即将双腿同时缩入车内。如穿长裙,在关上车门前应将裙子理好。下车时,正确的姿势是,将身体尽量移近车门,转过腰,车门打开后,先伸出脚落地踩实,然后再将头伸出车门。具体可分为两种情况:如果穿短裙,宜将两脚同时踏出车外,再将身体移出,双脚不可一先一后。如果穿长裤或长裙,从左方下车时,可先将左脚踏出车外,立定,然后将身体重心移至左脚,再把整个身体移离车外,最后踏出另一只脚;从右方下车时,动作则相应反之。姿势把握得当,能使人潇洒自如,展现魅力。

③注意安全。乘车时,不要与驾驶者交谈,以防其走神,也不要将头、手或腿、脚伸出车窗之外。协助尊长、女士、来宾上车时,可为他们开门、关门、封顶。开、关车门时,不要弄出声响,以免误会。当自己上下车开、关门时,要先看后行,切勿疏忽大意,碰伤别人。在封顶时,应一手拉开车门,一手挡在车门门框上,以防止宾客碰头。

(3)顺序

上下轿车的先后顺序也有理可循,其基本要求是:倘若条件允许,须请尊长、女士、来宾先上车,后下车。具体而言,又分为多种情况。

①主人亲自驾车。主人驾驶轿车时,如有可能,均应后上车、先下车,以便照顾客人上下车。

②分坐于前后排。乘坐由专职司机驾驶的轿车时,坐于前排者,大都应后上车,先下车,以便照顾坐于后排者。

③同坐于后排。乘坐由专职司机驾驶的轿车,并与其他人同坐于后排时,应请尊长、女士、来宾从右侧车门先上车,自己再从车后绕到左侧车门后上车。下车

时,则应自己从左侧下车,再从车后绕过来帮助对方。若车停于闹市,左侧车门不宜打开,从右门上车时,应当里座先上,外座后上。下车时,则应外座先下,里座后下。总之,以方便易行为宜。

④有折叠座位的轿车。为了上下车方便,坐在折叠座位上的人,应当最后上车,最先下车。这是广为沿用的做法。

⑤乘坐多排轿车。乘坐多排轿车时,通常以距离车门远近为序。上车时,距车门最远者先上,其他人随后由远而近依次而上。下车时,距车门最近者先下,其他人随后由近而远依次而下。

【案例】

妻子坐在轿车后排

苗先生供职于驻北欧某国的外贸机构。一天,他应邀参加驻地城市市长举办的晚宴,他的夫人陪同前往。可能是老两口拌了几句嘴或是其他什么原因,苗夫人尽管上了苗先生的车,但是却没有像以往那样亲亲热热地坐在苗先生的身边,而是一言不发地独自坐到后排去了。苗先生根本没把这当回事,心想:只要她跟我去就算深明大义了,管她坐在哪儿呢。

然而行车不久,苗先生就被一个警察拦住了。他以为是检查驾照之类的例行公事,就赶忙把驾照递上去。谁知那个警察看都不看,只是对他来了一个立正敬礼,然后请他下车"合作"。下车后,不容他开口,警察便问:"先生,你没有出租车的牌照,为什么非法载客呢?"苗先生听了直乐:"那是我太太!"想不到那警察一本正经地说:"你的太太为什么不陪你坐在前排,反而要坐到后排去呢?"苗先生听后心生怒气,但又不敢表现出来。眼看着晚宴时间将近,实在沉不住气的苗先生只好拿出市长的请帖和他的护照做最后一搏。那警察倒是通融,只有一个条件,就是要苗先生、苗夫人证明一下双方的确是夫妻关系:"据说你们东方人表达感情十分含蓄,既然你们是夫妻,就请两位当众拥吻一下吧。"事已至此,苗先生只好照办。

撇开西方人惯有的幽默不说,这个小故事非常形象地表达出一种国际惯例:夫妻二人驾车出行,不管丈夫还是妻子开车,另一方肯定同坐在前排,即副驾驶座上,除非他(她)有特殊需求。

2. 乘坐公交车——注意礼让和秩序

在快节奏的现代生活中,人们最普遍乘坐的是公共汽(电)车或地铁。公交车辆亦是公共场所,要讲究文明礼貌,注意以下细节。

(1)候车应按先来后到的顺序在站台上排队。车辆进站时,等车停稳后,再依次上车。上车时,要照顾谦让妇女、儿童、老年人及病残者。

(2)上车后不要抢占座位,更不要把物品放到座位上替别人占座。遇到老、弱、病、残、孕及怀抱婴儿的乘客应主动让座。上车后要主动购票。

(3)在车上与人说话应轻声,不要在车上旁若无人地大声谈笑,或与爱人过分亲昵。更不要在车上谈论他人隐私或是令人倒胃口的话题,给他人一个良好的乘车环境。

(4)乘车时应讲究卫生,不要在车内随地吐痰、乱扔果皮、纸屑,禁止在车内吸烟。

(5)若在下雨天,上车后应把雨衣脱下,不要让雨水沾湿别人的衣服;雨伞要放置好,伞尖要朝下,避免弄湿别人的衣物或刺伤别人。

(6)拎着鱼、肉或热的东西上车时,应事先把东西包好,以免蹭脏别人的衣服。

(7)下车时应提前做好准备,在车辆到站之前向车门靠近。车内十分拥挤时,如需要他人让路,应有礼貌地请前面的乘客让一下或调换一下位置。在调换过程中,动作要和缓,注意不要冲撞别人。如果自己暂时不下车,应主动为下车的乘客让道。车到站后,依次下车,并照顾、礼让老、弱、病、残、孕和儿童。

3. 乘坐出租车礼仪

(1)礼貌乘坐

如果乘客带有行李,在上车前最好礼貌询问司机行李放哪里合适;若需要放到出租车的后备厢,可以请司机帮忙。上车后乘客应主动向司机问好并主动告知目的地。下车前应主动付费,帮助司机关上车门并礼貌道谢。

(2)与他人同乘

当与长辈、尊者、女士同行时,要主动为其开车门,等对方入座后自己才从车后绕到另一侧上车或者于前排就座。行程中,可以和他人轻声交谈,活跃气氛,使行程更加愉快。出租车到达目的地后,要主动付费,和女士同行的男士,还要主动为其打开车门,帮忙提拿行李。

4. 乘坐火车——人多勿忘讲礼仪

乘坐火车时要自觉遵守乘车礼仪,并注意以下细节。

(1)候车时应自觉遵守公共秩序,检票时排队依次前行,不要拥挤、推搡。乘车时,要保持安静,不要大声喧哗,不要随地吐痰,不要乱扔废物,注意保持公共卫生。

(2)上车后不要见座就坐,甚至抢座。若未持有坐票,就座前应礼貌地征求邻座的同意后再坐。若自己旁边有空座,别人就座时应礼貌谦让,不能以座位有人之由推辞拒绝,更不可旁若无人地躺在座椅之上。

(3)使用行李架时,应相互照顾,切勿以自我为中心,独占太多的空间。移动别人的行李时应征得同意,不要粗暴地把自己的行李放在别人的行李之上。往行李架上放行李时,不要穿鞋直接踩踏座位。行李安放好后,应礼貌地向邻座的乘客打招呼或点头致意。

(4)坐定后,待时机成熟时再与邻座交谈。交谈时,不要打听对方隐私,不要冒昧地索要对方地址、电话,不要旁若无人地嬉笑打闹,更不要脱掉鞋子,将脚放在对面的座椅上。

(5)在卧铺车厢,不要盯视他人的睡前准备和睡相,自己脱衣就寝时,应背对其他乘客。

(6)当乘务员来打扫卫生和提供其他旅途服务时,应主动予以配合,提供方便并表示谢意,必要时应给予协助。

(7)当看到不文明或不法行为时,要协助乘警、乘务员加以制止;当发现安全隐患时,应及时向乘务人员反映;当发生安全事故时,应听从指挥,有序疏散,积极开展自救,并协助乘务人员开展救助工作。

5. 乘船乘飞机礼仪

(1)乘船礼仪

①有秩序地排队上船,对号入座后,应有礼貌地让其他乘客上完船后或在不影响其他乘客上船的情况下,在甲板上与相送的亲友同事告别。告别时,应举止得体,不要大声喊叫,也不要做出夸张的动作。

②如果晕船要呕吐的话,应当去洗手间,千万不要吐在甲板上或舱里。如果

已经吐了,应立即歉意地向周围的人打招呼,同时尽量设法打扫干净。

③出入舱口或在甲板上散步时,应礼让老人和儿童,见到其他乘客和船员要彬彬有礼,友好和善地对待。

④凡是船上标明"旅客止步"的地方不要进入,船上的各种设备也不要随意触动。无论是在舱内还是甲板上,都不要向水里扔弃或倾倒杂物,因为这样可能会弄脏下层甲板或船舱,也会污染水体。

⑤乘船时要注意小节,如白天不准在船上挥动衣服或手帕,晚上不要用手电筒对着外面乱晃,注意船上说话的忌讳等。

【案例】

船上不可随意挥动衣服

小张有一次去三峡玩,因为是第一次乘船,她非常兴奋。她和几个朋友站在甲板上高兴得又蹦又跳,当时有一艘船远远地开过来,他们就拿起脱下来的外衣又晃又跳,希望引起那艘船的注意。一开始那艘船上没人搭理他们,但是不一会儿就有几个人上了甲板,又过了一会儿,竟然有人拿起旗子冲着他们挥舞。小张他们一看有人回应,都乐坏了,更是起劲地摇晃手上的衣服。没想到几分钟后,本船的几个船员冲上甲板,一把夺过他们手上的衣服。小张他们被吓了一跳,愣在了当场。原来,他们只顾高兴地在甲板上拿着衣服乱挥舞,另外一条船却以为他们遇上了麻烦,在用旗语和他们沟通。

(2)乘飞机礼仪

①乘客有序登机,并按照登机牌上显示的座位号对号入座。

②在飞机关闭舱门后、起飞前,所有的客机均会由客舱乘务员或通过播放电视录像片,向全体乘客介绍氧气面罩、救生衣的位置和正确的使用方法,以及机上紧急出口所在的位置及疏散、撤离飞机的办法。在每位乘客身前的物品袋内,通常还会备有有关上述内容的图示。一定要仔细倾听,认真阅读,并且牢记在心。

③当飞机起飞或降落时,一定要自觉地系好安全带,并且收起面前的小桌板,同时将自己的座椅椅背调直,打开舷窗。

④当飞机爬升或在平飞阶段受到高空气流的影响而发生颠簸、抖动时,要将

安全带系好,切勿自行站立、行走。

⑤从飞机关闭舱门开始飞行时刻起,至结束飞行打开舱门时刻止,飞机上的机组成员和旅客都不得开启和使用主动发射无线电信号的手机等便携式电子设备。在平飞期间,可以使用非主动发射无线电信号的便携式电子设备,如手提电脑、激光唱机、电子游戏机等电子设备。

⑥不要乱摸、乱动机上的安全用品。偷拿安全用品或私开安全门,不仅有可能犯法,还有可能危及自己和其他乘客的生命安全。

⑦不要当众脱衣、脱鞋,尤其是不要把腿、脚乱伸放。休息时,不要使身体触及他人,或是将座椅调得过低,有碍他人。与他人交谈时,说笑声切勿过高。飞机上禁止吸烟。呕吐时,要使用专用的清洁袋。

⑧对待客舱乘务员和机场工作人员,要表示理解与尊重。不要蓄意滋事,或向其提出过高要求。

⑨跟身边的乘客可以打招呼或稍作交谈,但应不影响对方休息。不要盯视、窥视素不相识的乘客,也不要与其谈论令人不安的劫机、撞机、坠机事件。

⑩当飞机降落时,请乘客主动打开舷窗,收起小桌板,调直椅背,关闭电子产品,系好安全带。

六、排队礼仪

在很多情况下,排队对全体人员来说是效率较高的解决问题的方式之一。任何人都没有不排队的特权,你唯一要做的就是接在队伍的末端。排队,简单来说,就是人们按照先来后到的顺序一个接一个排列成队,以便依次办事。在排队时,应当遵守的礼仪规范如下。

1. 自觉排队

排队的时候,要保持耐心。不要起哄、拥挤、插队或破坏排队。即使前面有你熟识的人,也不要去插队。排队自觉与否虽系区区小节,但却能反映出人格的一个侧面。

2. 遵守顺序

排队的基本顺序是:先来后到、依次而行。排队时,一定要遵守并维护这一秩序,不仅要做到自己不插队,而且要做到不让自己的熟人插队。

3. 保持适当间隔

排队时,大家均应缓步而行,人与人之间最好保持0.5米左右的间隔,至少不能前胸贴着后背,否则会让人很不舒服,甚至会妨碍他人办事。凡标有"一米线"的地方,应在"一米线"后依次排队。

4. 不横穿排好的队伍

如果别人排好了队,不要从别人的队伍里横穿过去。不得已的情况下,请先说声"对不起"。

5. 可以有效利用排队的时间

排队时可以随身携带一份报纸或者口袋书,这在很多排队的场合都非常有用。时间打发掉了,你该做的事也完成了。

6. 不同场合的排队礼仪

(1)银行:在银行办理相关业务时,应按照银行划定的区域按顺序排队。在前人临近窗口办理业务时,后者应在1米线后等待。窥视、越步上前询问或未等前人办完就争抢办理业务,都是非常不礼貌的行为。

(2)车站:等候公共汽车时应按顺序排队,靠右站立。上车时不要拥挤占座,由车厢后部往前依次落座,有秩序地礼让乘车。在机场、火车站等场所,等候出租车时应该到指定区域排队上车。

(3)餐厅:餐厅或食堂都是公共场所,排队等候需要有一定的耐心,不要敲击碗筷,制造不安的气氛。

七、开门礼仪

1. 开关门的5个步骤

正确而不失礼数的开关门体现出来的是良好的个人修养,正确开关门可分解为5个步骤:

(1)敲门。敲门的时候要注意,用手指的中间关节轻敲3下。有门铃的时候轻轻按一下,如果没有反应,稍等片刻(3~5秒),再重复一次。但不要长时间地按门铃,更不能用手掌拍门、用拳头捶门。得到屋内人的允诺后才可开门。

（2）开门。知道应用哪只手（门把对着左手时,用右手开;门把对着右手时,用左手开）。明确进门顺序（外开门,客先入;内开门,己先入）。

（3）挡门（侧身用手或身挡门,留出入口）。

（4）请进（礼貌地用语言和手势同时示意请进）。

（5）关门（进门后再慢慢地关门）。得到允许关门的信息后,应握住把手轻轻推门进入,然后转身轻轻把门关上,不能反手带门。离开他人的房间也要随手关门。关门应该面向门里将门轻轻关上,不能背对着屋里的主人关门。

2. 职场接待客户时的开关门礼仪

一般情况下,无论是进出办公大楼或办公室的房门,都应用手轻推、轻拉、轻关,态度谦和,讲究秩序。如果与同级、同辈者进入,要互相谦让一下。走在前边的人打开门后要为后面的人拉着门。假如是不用拉的门,最后进来者应主动关门。如果与尊长、客人进入,应当视门的具体情况随机应变。

另外,在接待引领时,一定要"口""手"并用且到位。即运用手势要规范,同时要说诸如"您请""请走这边""请各位小心"等提示语。

（1）开关门礼仪基本原则

给客人开门时,应该注意以下几条礼仪小细节:

①向外开门时,先敲门,打开门后拉住门把手,站在门旁,对客人说"请进"并施礼。进入房间后,用右手将门轻轻关上。请客人入座,然后安静退出。此时可用"请稍候"等语言。

②向内开门时,敲门后,自己先进入房间。侧身,拉住门把手,对客人说"请进"并施礼。轻轻关上门后,请客人入座后,安静退出。

（2）开关门礼仪注意事项

当你通过一扇可以双面开的门时:

①无论你是男士还是女士,让客人或同行中职务较高者先通过。

②当同事有5个人以上来拜访时,做主人的应先通过,以便给客人带路。

③如果已知这扇门很难开启,则应走在客人之前,并向客人解释道:"这扇门很重,由我来开吧!"

④如果走在你前面的是残疾人或老人,正准备通过一扇门,无论这个人你是

否认识,都应该向前帮主开门让其顺利通过。

⑤如果男士和女士一起通过,则男士应主动开门并让女士先通过。

⑥在公共场所,无特殊情况,谁先到谁就先通过。

(3)有秘书的情况下的开关门操作

①朝里开的门:如果门是朝里开的,秘书应先入内拉住门,侧身再请尊长或客人进入。

②旋转式大门:如果陪同上级或客人走的是旋转式大门,应自己先迅速过去,在另一边等候。

③朝外开的门:如果门是朝外开的,秘书应打开门,请尊长、客人先进。

八、迎送礼仪

1. 待客三声

在迎来送往之时,东道主一方的全体人员,尤其是每一名直接接触来宾的陪同或引导人员,绝对不宜始终默默无语。在面对来宾时,有三句基本的礼貌用语,必须由大家认真、不厌其烦地向每一位来宾直接道来,此所谓待客三声。

(1)来有迎声

当来宾抵达之时,迎接者必须主动迎上前去,向对方致以热情问候。陪同或引导人员尤其应注意的是,要首先确认一下对方的身份,免得张冠李戴。

(2)问有答声

在引导或陪同来宾的具体过程中,除需要向来宾介绍有关情况外,不提倡与对方主动攀谈,但对于来宾的提问,必须有问必答,不宜说"不"。当时难以作答的问题,则应当限时回答。限时一到,应确保按时予以回答。

(3)去有送声

当来宾离去时,不论是否远送,均应向其正式道别。因故不能到场者,亦应打电话或委托他人向来宾道别,以示自己在礼待来宾上有始有终。

2. 文明五句

与来宾相处时,陪同或引导人员必须令自己的所作所为文明而礼貌。此时的一项具体要求,就是在语言上必须使用基本的文明用语。其中有五句最基本的文明用语,俗称"文明五句",更是必须自觉地坚持使用。

（1）问候语

在任何情况下,与来宾进行接触时,均应主动向对方致以问候。一般可用"你好"或"您好"问候对方,有时亦可采用"上午好""周末好"等时效性问候语。

（2）请托语

如果需要来宾与自己进行配合,或者需要对方协助时,通常应使用必要的请托语。标准的请托语是一个"请"字。有时,亦可采用"拜托""劳驾"等明显含有求助之意的请托语。

（3）感谢语

当来宾肯定自己的行为表现,或者在帮助、支持、理解自己之后,应运用"谢谢"或"非常感谢"等感谢语,向对方正式表达自己的感谢之意。

（4）道歉语

在陪同、引导来宾时,有关人员难免会有一些失误之处。若自己的行为给对方造成了麻烦,或者未能满足对方的要求时,应及时以"抱歉""对不起""失礼了"等道歉语向对方进行道歉。

（5）道别语

与来宾正式话别时,应当以"再见""保重""后会有期""一路平安""一路顺风"等道别语向对方表达友善与惜别之意。

3. 热情三到

在迎送的实际操作中,向来宾道"三声"、讲"五句"往往较为容易。但要想使对方真正感受到接待方的热情之意,"三到"则往往必不可少。

（1）眼到

在直接接触来宾,尤其是在为对方服务或与对方交谈时,一定要以专注、友善、谦恭的目光同对方进行交流。不注视对方,目光游走不定,斜视、盯视或者俯视对方,均为失礼之举。

（2）口到

当陪同、引导人员为来宾服务时,在具体的语言交流方面应注意两点:其一,要消除沟通障碍,通常应讲普通话,或对方所熟悉的语言。其二,要因人而异,与来宾交流时具体内容要根据对方的情况区别对待。

（3）意到

陪同、引导人员的表情与神态均应与当时的情形相符，此即所谓"意到"。具体而言，在迎送来宾时，有关的陪同、引导人员要神态自然，要表情大方，要善于互动。

【案例】

细节决定成败

秘书小董是某技工学校汽车文秘专业毕业的学生，参加工作后，他虚心好学，把老秘书接待来访的过程认真记在心里。在接待方面，特别注意迎客、待客、送客这三个环节，力求使来访者满意。

一天，办公室来了一位下级单位的工作人员。刚听到叩门声，小董就赶忙放下手中的工作，说声"请进"，同时起身相迎。来客进屋后，小董并未主动与对方握手，而是热情地招呼对方："请坐，请坐，你有什么事需要我帮忙吗？"小董的热情接待给对方留下了深刻的印象。

思考：此案例中秘书小董的做法是否符合接待礼仪的要求？

分析：客人来后，秘书应放下手中的工作，立即站起来迎接，将对方请进屋里。一个人在陌生的环境中容易紧张，对自己缺乏信心，总感到自己处在不利的地位，这时，秘书若简单地招呼一声"您好""您有什么事需要我帮忙吗"，很快便会缓解客人的拘谨。一般情况下，秘书人员不要主动与来访者握手，除非来访者非常重要或年事已高。如果对方主动伸出手来，秘书则应上前握手，并问候对方"您好"。接待中秘书小董的做法符合接待礼仪的要求。

第四章　社交礼仪

社交礼仪主要指人们在人际交往过程中所具备的基本素养、交际能力等。社会交往,简称"社交",在当今社会人际交往中发挥着越来越重要的作用,人们在社会交往中沟通心灵,建立友谊,获得支持和帮助;在社会交往中互通信息,共享资源,促成事业。[①]为了在社交过程中更好地表达自己,获得别人的尊重与肯定,掌握社交礼仪是至关重要的一步。本章列举了10个常见的社交场景的礼仪,供读者学习参考。

第一节　观影礼仪

现如今,去电影院看电影的人越来越多。而当你在影院享受一场视听盛宴的同时,有没有想过,自己的一言一行是否会影响到周围的人呢? 你又是否会在注意到自己的问题之后进行改正呢? 要知道,在电影院保持良好的观影礼仪不仅能为他人带来便利,提升自己和他人的观影体验,也是展现个人修养与社会文明的一面镜子。下面就列举了一些需要大家注意的观影礼仪。

一、观影准备

在看电影前,应做好必要的准备工作。在电影院这样的公共场合,我们必须保持着装干净整洁,不能穿拖鞋、背心。为了不影响周围的人看电影,最好不要喷味道过重的香水或携带太多随身物品。在进场之前先去一下洗手间,这样可以减

[①] 孙颖.社交礼仪对大学生就业的影响及培训[J].现代企业,2019(9).

少开场后进、出放映室带来的麻烦。

电影院一般会提前10～15分钟开始检票,在这个时间段排队进入是最好的,既不会太早,也不会太匆忙。入场之后找到自己的座位,等待影片开始。如果你不得已迟到了,一定要安静地入场。从别人面前经过的时候,要侧着身体朝前走,并向周围的人致以歉意。如果要打开手机手电筒照明,尽量放低,不能对着人照射。

电影开始前,记得把手机等电子设备调成静音模式。为了不阻挡后排观众的视线,个子比较高的人最好能调整一下坐姿。另外,出于对电影制作者的劳动的尊重,不允许携带小型摄像机入场。

二、观影过程

观影过程保持安静是对一个观众的基本要求。我们既不能大声喧哗或接打电话,不能讨论剧情,也不能因为咀嚼食物或者打鼾而发出太大的声音。携带儿童的观众要安抚好儿童的情绪,不要让孩子喧哗、打闹。如果有事需要中途离场,要迅速、安静地离开。

要顾及他人,保持良好的观影氛围。电影院是开放空间,我们需要有强烈的公共空间意识。在观影时,吃有较强烈气味的食物,或是弄脏周围的环境,或是情侣之间过分亲热,都会影响他人观影情绪。如果想拍照,要先关掉闪光灯;如果要看手机,要将手机屏幕亮度调暗。

三、观影结束

观影结束后不要急着离场,等到字幕播放结束或者工作人员示意后,再有序地退场。退场时拥挤、打闹是很危险的行为。尽管清扫不是观众的职责,但自觉带走座位上的垃圾能体现一个人良好的修养;如果是看3D电影,记得将影院发的3D眼镜送至工作人员处,我们的举手之劳将为他人带来许多便利。

第二节　图书馆礼仪

图书馆是知识的殿堂,也是公共场所。为了营造良好的学习氛围,为自己和他人在图书馆中借阅书籍、自修和查询资料提供便利,每个人都要自觉遵守图书馆礼仪。

一、保持安静

在图书馆中要时刻注意保持安静,避免影响他人的阅读与思考。进入图书馆走路要轻,入座、起身要轻,翻书也要轻。用简明快捷的附耳低语代替高声喧哗,用点头微笑来和遇到的朋友打招呼。在图书馆,也请把手机调至静音模式,接打电话或长谈应移步馆外。在安静的学习环境中,任何人的旁若无人的喧哗声或噪音都是失礼的。

二、保持整洁

一是要保持个人仪表的整洁。仪表是你给人的第一印象,包括了容貌、服饰和姿态。谨记在图书馆这样的公共场所,要保持良好的个人卫生,保持整体着装整洁得体,不穿背心、拖鞋入馆,是对自己和他人的尊重。

二是要保持馆内环境的整洁。共同的学习场所需要共同维护,弄脏图书馆的地面或乱扔垃圾都是明令禁止的不文明行为,自己的垃圾要在离开时清理干净。我们也不能带食物进入图书馆,因为边吃边学习不仅影响自己和他人,破坏学习氛围,还容易弄脏图书。应注意爱护图书馆的图书、桌椅板凳,不能随意刻画、破坏。离座时要把椅子轻轻地复位,把书本放回原处,而不是乱堆乱放。为了自己和他人的健康与安全,不允许在馆内吸烟。

三、举止文雅

首先,要遵守图书馆的规章秩序。不论是借还图书,还是查询和复印资料,都要按顺序排队。图书馆的资源都是公共的,所以借阅书籍要按照规定完成借书手续,及时归还;有空位人人都可以坐,不能强占。但是如果想坐别人旁边的位置,应有礼貌地询问是否有人;如果自己确实需要离开位置一段时间,应留一张小纸条告诉别人自己离开的时间,时间不宜太长。

其次,要礼貌待人,懂得尊重他人。如果遇到自己解决不了的问题,可以有礼貌地向周围的人或图书馆工作人员请教,请教后要对别人的帮助表示感谢。同时要尊重图书管理员的劳动,不能做刻意破坏其劳动成果的事。

最后,要举止大方得体。在图书馆中看书学习应注意自己的形象,保持站姿、坐姿、走姿美观得体,既不能在座位上躺卧或是在过道上随意坐下看书,也不能一人独占狭窄的过道,而要主动给别人让路。你的一言一行皆是个人礼仪教养的体现,切不可马虎。

第三节　旅行礼仪

随着全球化背景下经济社会的发展,海陆空交通网络的完善与人民生活水平的提高,人们在国内外旅行的机会越来越多。旅行不如在自己家中自由随便,途中会受到一些环境的限制,也会和许多不同的人打交道,须注意人际交往、仪容仪表等问题。近年来我国公民频频被曝出在国外旅行存在不文明行为,不仅给他人带来诸多不便,也有损个人乃至整个国家的形象。掌握必要的旅行礼仪能够让旅程更加顺利、舒适,在旅行中展现个人良好的素养,其重要性不言而喻。

一、行路的礼仪

行路是我们出行最基本、最普遍的方式,不管去哪里都离不开行路。不管是一个人独行,还是多人同行,不管是行走于何时何地,都有一些基本的礼仪要求应当遵守。

一是要注意安全。俗话说"平安二字值千金",安全是一切行动的前提,为了步行的安全,需要遵守交通规则。城市的交通法规对行人和各种车辆的行驶均有严格的规定。穿越马路时,一定要从人行横道处走过去,注意避让来往车辆,不可随意穿越,不可低头、猛跑,更不可翻越栏杆。在有信号指示或交通警察指挥的地方,一定要遵守信号和听从指挥。

二是要文明行路。在行走时,走路的姿势要端庄,不要低头、东张西望、勾肩搭背等;走路的速度要适中,自觉礼让,不要占道不前。要注意维护马路整洁,不能边走边吃东西或乱扔杂物;亦不能随地吐痰,如需清理嗓子、吐痰,可以在无人处讲痰吐在纸巾里包好,然后投入垃圾箱。在路上抽香烟不仅有害自己和他人的健康,甚至有可能引燃物品,酿成大祸。

三是问路需礼貌。问路要选择合适的对象,最好不是急于行走的人、正在与人交谈的人或正忙碌的人。问路要礼貌地称呼对方,可根据对方年龄、性别和当地的习惯来称呼,绝不能用不礼貌的语气呼叫对方。当别人给予回答后,要诚恳地表示感谢;若对方一时答不上你的提问,也应礼貌地说声"谢谢""再见"。另外,如果遇到别人向你问路,应当认真倾听,热情地予以回应,力所能及地提供帮助。[①]

二、乘坐交通工具的礼仪

在旅行中,我们往往需要乘坐各种交通工具前往目的地。交通工具就是一个较为密闭的公共场所,我们不可避免地会和不同的人进行接触。不同的交通工具的礼仪规范有共性也有特殊性。

公共汽车是城乡重要的交通工具之一,相比于其他的交通工具,公共汽车有价格低、车速慢等特点,因此广受群众欢迎,人员流动性也较大。乘坐公交车尤其要注意礼让,遵守秩序。首先,上车要依次排队,下车要提前准备。其次,车上要举止文明,尊老爱幼。上车后应主动投币、刷卡,不堵塞车门,尽量往里走;有其他空座位就尽量不占老弱妇孺专座,无空座时为老弱妇孺主动让座。保持良好的乘车环境,不勾肩搭背、大声聊天,不放任幼儿啼哭或嬉戏,亦不抽烟、吐痰、乱扔废弃物。在车上尽可能与其他人的身体保持一段距离,如果因为车辆摇晃或自己不小心碰

---

① 范礼.大学生礼仪修养[M].北京:中国铁道出版社,2017.

撞、踩踏别人,应立即道歉。如果他人因此向自己道歉,则应大度表示"没关系"。

轿车的环境较其他交通工具要小而封闭。在乘坐轿车时,应牢记的礼仪问题,主要涉及举止、座次、上下顺序三个方面。车辆行驶过程中可以适当交谈,但要尽量选择积极健康、轻松愉快的话题。作为一个有教养的乘客,要保持车厢环境整洁,不能脱鞋赤脚、化妆或饮食;更不能做向车窗外抛物这样不道德的事。

在比较正规的场合,乘坐轿车需要区分座次。主人亲自驾车时,一般前排座为上,后排座为下,且不能让前排座空着,以示有人相伴。由先生驾驶自己的轿车时,则其夫人一般坐在副驾驶座上;由主人驾车送其友人夫妇回家时,其友人之间的男士,一定要坐在副驾驶座上,与主人相伴,而不宜形影不离地与其夫人坐在后排。专职司机驾驶轿车时,座次后排为上,前排为下。吉普车上的座次由尊而卑的顺序是:副驾驶座、后排右座、后排左座。而多排轿车的顺序是,以前排为上,以后排为下。①另外,习惯上以右为尊,以左为卑。

至于上下车顺序,同女士、长者、上司或嘉宾乘双排座轿车时,应先主动打开车后排的右侧车门,请女士、长者、上司或嘉宾在右座上就座,然后把车门关上,自己再从车后绕到左侧打开车门,在左座坐下。到达目的地后,若无专人负责开启车门,则自己应先从左侧门下车后绕到右侧门,把车门打开,请女士、长者、上司或嘉宾下车。②

不管是乘坐汽车,还是火车、地铁、飞机、客轮等交通工具,都要遵守秩序,文明礼让,共同维护良好的乘车环境。比如在等候时要自觉排队,不乱拥乱挤;在火车、飞机上按照要求将行李整齐放好,不乱摆乱放。要注意礼貌交谈,如果自己的行动妨碍到了他人,应主动致歉。要尊重司乘人员的工作,多一点体谅和担待,也就多一分和谐与美好。

三、入住宾馆的礼仪

在旅行中,经常需要入住宾馆、酒店或民宿(以下用宾馆代指)。宾馆并不是

---

① 范礼.大学生礼仪修养[M].北京:中国铁道出版社,2017.
② 赵黎,田莉等.大学生社交礼仪[M].北京:清华大学出版社,2019.

个人私有财产,不可肆意妄行,入住宾馆要注意文明礼仪。

首先,许多宾馆都会在一定的时间内保留你的预订房间,如果你会比事先确定的最晚到店时间晚到很多,要尽快通知宾馆;如果你确定要取消房间入住,也要第一时间通知宾馆。其次,要维护好宾馆的设施,保持环境整洁。虽然打扫客房是服务员的职责,但我们不能因此就不注重保持房间的卫生,不能随意弄脏宾馆的墙面或家具,更不能随意破坏宾馆内的家具、电器等设施。在离店时,不能随意带走宾馆内指明可以带走的一次性物品之外的任何东西。此外,宾馆也是公共场所,不能让自己的行为影响到他人。别人休息时要注意降低音量,不可大声喧哗;走出房间要注意形象,不可太过随意。最后,入住宾馆也不能放松警惕,要有安全意识,进出房间应随手关门,确保安全。

四、游览的礼仪

一是要爱惜美景,保护环境。"文明是最美的风景",山川名胜和历史古迹都是不可再生的宝贵的自然和文化遗产,应倍加珍惜。化用陶行知先生的一句话,文明游览就是要"捧着一颗赏景的心来,不带走半棵草去"。从花草树木、鸟兽虫鱼,到青瓷碗盏、诗书画卷,再到山川湖海、亭台楼阁,对眼前风景的任何小小的破坏都可能是不可逆的,都是明令禁止的。另外,在旅游观光时,要维护好环境的整洁,将垃圾集中丢入垃圾箱中;在寺庙等地方需要保持安静,不能大声喧哗、嬉笑打闹。

二是要换位思考,顾及他人。尊老爱幼是不可丢弃的传统美德,照顾弱者也是每个有素质的公民的责任。"海纳百川,有容乃大",如果不小心冒犯了他人,应及时致歉。在人流众多的风景点,难免会和别的游客发生摩擦。如果能换位思考,将心比心,主动谦让,就能避免矛盾的升级,不会给自己和他人带来不必要的困扰。比如在景点拍照时,不要一直占着位置不走,换位思考一下,自己加快一些速度,能够给等候的其他人带来许多便利,避免他人的不满情绪。

三是要遵守秩序,恪守时间。出门在外,要服从景区工作人员、导游的安排,不能擅自前往不允许游客进入的地方,也不能擅自脱离自己的团队。在遇到购票或观看某景点的人较多时,要自觉排队,不能乱插队,也不能前拥后挤,制造混乱。

在跟团游过程中一定要注意自由游览的归队时间,不能忘乎所以,让全团人等候和担心。如果带着孩子游览,不应束缚孩子的天性,也不能不顾安全规定,过于放纵孩子。

四是要入乡随俗,尊重当地习惯。"身在罗马,就做罗马人(When in Rome, do as the Romans do)。"入乡随俗是尊重,也是文明的体现,是友好交往的道德基础。不同国家、民族、地区有自己独特的礼仪风俗,包含着不同地区的人的感情。我们在当地游览时必须按照当地的习惯来。最好能提前进行了解,以便更好地沟通交流,更好地体验当地文化,避免触犯禁忌,造成不必要的误会和麻烦。

第四节　参观礼仪

参观礼仪,是对参观者在进行正式的、有组织的参观时所作所为的原则性的规范。[①]很多人都有过参观博物馆、美术馆、企业或者景点的经验。以下介绍的是参观礼仪需要掌握的注意事项。

一、参观行程计划

在前往参观之前,应当事先做好参观的行程计划。参观的地点、参观时间、人数、交通工具的选择都需要在事前进行安排,以便节约时间和做出最优选择。参观地点确定后,一般来说可以根据时间选择参观项目,但是选择前应当先对参观项目有所了解,并征求其他参观者的意见,优化选择参观项目。

二、参观准备

1. 注意着装

不同的场合适用不同的服装。在参观风景名胜时可以着便装,方便行动。在参观美术馆、博物馆时最好穿正式的服装。参观其他的地方也应根据社会共识或

---

① 汪连天.职场礼仪心得(之十八)参观礼仪[J].工友,2010(6):52-53.

参观地的要求穿着合适正确的服饰。适宜的服饰或是为了表示庄严肃穆，或是为了卫生安全，或是为了方便活动，但都是为了能够在参观时给自己和他人带来良好的参观体验。[①]

2. 收集资料

依照参观礼仪的基本规范，在外出参观前，最好先收集一些相关资料。除了对于参观内容及背景有所了解之外，还应对参观的纪律有基本的认识。如果是在国外进行参观，那么最好提前掌握当地的政治、经济、文化等常识。[②]事先收集资料可以帮助参观者更好地理解和感受参观内容并做到举止得当。

三、聆听解说

如今，参观往往都会有专门的解说人员，解说员具有较强的表达能力和专业知识，在参观过程中，可以跟随解说员前进，耐心聆听其解说。如果遇到问题，可以在适当的时机礼貌地提出，但是，不要随意打断解说员的讲解，对于他们的回答应当表示感谢。

四、举止文明

在参观过程中，要注意自己的行为规范。饮食、摄像、大声喧哗的行为需要注意，很多参观地都是有相应的规定的。做出不符合规定的举止并不会显得卓尔不群，反而会对在场的其他参观者造成不必要的困扰，败坏自己的形象。

第五节　探望礼仪

人是社会性动物，每个人都无时无刻不处于一种人际关系之中，人们生来就与自己的亲人产生家庭关系，上学后又会处于同学关系师生关系中，工作后还会

---

① 汪连天.职场礼仪心得(之十八)参观礼仪[J].工友,2010(6):52-53.
② 汪连天.职场礼仪心得(之十八)参观礼仪[J].工友,2010(6):52-53.

遇到同事关系、雇佣关系,人们还会结交朋友,从而又产生朋友关系。各种各样复杂的人际关系正是个人与群体的联系,是人存在的证明。探望,是人们在形成和巩固人际关系中的重要举动。

一、探望原则

一切的人际关系都基于平等原则。在探望中,平等也是重要的原则。平等,主要是指交往双方在态度上的平等,每个人都有自己独立的人格、做人的尊严和法律上的权利义务,人与人之间的交往是平等的。[①]因此,在探望的过程中要注意尊重他人,平等待人。

二、预约

决定去探望某人,应当事先与被访者取得联系,进行沟通,选择双方都认为比较恰当的时间和地点,并将探望的人数和意图告知对方,以免对方没有准备而导致尴尬的事件。[②]

三、准备

1. 服饰

根据不同的地点、探访对象、探访形式选择合适得体的服饰,不仅体现了探访者个人的审美,更代表探访者对于探访的重视与真诚,礼仪的展示也是对于探访者本身人格的良好呈现。

2. 礼品

根据探望对象、目的、场合等条件,携带合适的礼品。如果是探望病人,则更需注意礼品的特殊性,必须考虑病人的病情及心理状况。一般来说,鲜花、书刊等可以调节病人情绪,有益于其修身养性的物品可以作为探望病人的礼物。

① 赵黎,田莉主编,余春凤副主编.大学生社交礼仪[M].北京:清华大学出版社,2019:71.
② 赵黎,田莉主编,余春凤副主编.大学生社交礼仪[M].北京:清华大学出版社,2019:72.

四、交流

无论是在家中还是其他场合,作为客人,应当充分体谅主人,尽量不要给主人带去不必要的麻烦。《淮南子》中提到:"入其家者避其讳",在与主人进行交流时,应适当把握谈话内容的深度,并且可以适时进行一些赞美。如果在交流中遇到了一些意见不一的情况,应当调整心态,尊重对方意见,这样才能"化干戈为玉帛",避免产生矛盾。

五、及时告辞

在与主人交流的过程中,应该适当体察对方的态度变化。如果主人明显心不在焉或者多次看钟表,应当及时告辞。在告辞时要注意告辞的礼仪,态度要大方,且不可显得急不可待,同时要对主人的热心招待表示感谢。如果主人送你出门,应劝主人留步并再次告别。

第六节　馈赠礼仪

馈赠礼物是人们日常生活中经常发生的交往活动。《礼记·曲礼》说:"礼尚往来,往而不来,非礼也,来而不往,亦非礼也。"人际交往的过程中,为了促进交往、巩固和维系人际关系、答谢他人帮助、公关等种种目的,我们需要用尊重的态度、言语、动作、仪式来表示友好、关切、诚意与信任,有时候,为了让"礼"显得不那么古板且具有人情味,人们还会赠给对方礼物,当礼以物的形式表现出来的时候,物就不仅仅是某种实体的存在,而具有了精神内涵,成为人与人之间"礼"的外在表现形式。[①]因此,礼与物的关系密切,馈赠是礼仪的重要组成部分和具体执行方式之一,也成为现代社会中人与人之间联系和沟通情感的重要桥梁。

---

① 赵黎,田莉主编,余春凤副主编.大学生社交礼仪[M].北京:清华大学出版社,2019:82.

一、馈赠原则

1. 针对性原则

为什么我们给小女孩的礼物往往是娃娃,给小男孩的礼物却往往是小汽车呢? 在这种馈赠过程中其实就体现了馈赠的针对性原则。送礼首先要了解送礼的对象。因家庭环境、性别、年龄、喜好、职业等众多因素,人们对礼品总有不同的接受满意度,送礼的意义可能不在于价格的高低,往往更重要的是体现送礼者的心意。同时,送礼也要考虑目的、时机和场合,因人而异、因事而异,强化馈赠的针对性。

2. 轻重原则

俗话说:"礼轻情意重",礼品的贵重与轻薄并不一定与人的情谊深与浅成正比,礼物是人们情感的象征物,但并不能等价地显示我们的情感。因此在送礼时,除非是具有非常特殊目的的馈赠,我们提倡协调礼物的实物价值与情感价值,适当考虑自己的经济实力,送出情谊浓厚的礼物,起到"无声胜有声"的效果。

3. 民族性和纪念性原则

民族性主要体现在国际交往的馈赠情境中,"越是民族的,越是世界的",每个民族都具有自己的独特性,体现民族性的礼品往往也是受到世界欢迎的。纪念性则是指礼品要与一定的人、事、环境相关联,具有一定的寓意。①

二、礼品选择

1. 禁忌问题

在礼品的选择中,禁忌是首要考虑的问题。因为忽视禁忌问题而导致的送礼不当不仅不能起到送礼的正面效果,反而会产生一些不好的影响。首先,要尊重文化中的禁忌。人们由于国家、民族、信仰等不同会产生不同的禁忌,文化并无优劣之分,这些由于文化因素产生的禁忌需要馈赠者有意识地避让。其次,由于生活经历的不同,或许有些事物会给某人带来不愿回忆的痛苦,在选择礼品时,也要

---

① 礼仪漫谈之一:馈赠礼仪.公关世界[J].2015(3):36-38.

注意了解个人的禁忌。此外,礼品必须符合国家的相关规定,违法违规的物品绝对不能作为馈赠的礼品。[①]

2. 喜好问题

选择礼品,要站在受赠者的角度上,为赠礼对象考虑,根据其喜好,选择投其所好的礼品。同时,也要把握与赠礼人之间的关系,根据双方的不同关系选择礼品,无疑会增加礼品选择的正确性。

三、馈赠技巧

1. 送礼者角度

在选择了合适的礼品之后,送礼者需要考虑的是具体送礼时的技巧。

收到礼物的第一瞬间,人们看到的是礼物的包装。精美的包装不仅能显示出赠礼者的品位,而且能体现赠礼者的用心程度,无疑会给收礼者留下一个很好的印象。

其次是赠礼场合与时机的选择。赠礼场合的选择是十分重要的。通常情况下,当众给某个人赠礼是不合适的,因为那会让其他人感到冷落,因而赠礼应当最好避开其他人,私下进行。

送礼的具体做法是,一般来说,送礼者应当面对收礼者站立,双手将礼品递送到对方手中,并说上一句得体的话。[②]注意,在赠礼时需态度友善,动作大方,语言得体。

2. 收礼者角度

一般情况下,对于他人赠送的礼品,应当欣然接受。

当他人进行赠礼时,收礼者应中止自己正在进行的事,起身站立,双手接过礼品,并表示感谢。态度应当从容大方、恭敬有礼。[③]

俗话说:"来而不往非礼也。"接受了礼物后,应当适当回赠对方。回赠不一定是以实物的形式,也可以回以真诚的谢意,而在下次与馈赠者见面时,有意识地展

---

① 礼仪漫谈之一:馈赠礼仪.公关世界[J].2015(3):36-38.

② 礼仪漫谈之一:馈赠礼仪(下).公关世界[J].2015(4):44-45.

③ 礼仪漫谈之一:馈赠礼仪(下),公关世界[J].2015(4):44-45.

示其赠与的礼品,这种行为,从某种意义上说,也是对于赠礼者的回礼。

第七节　赴宴礼仪

一个人在聚会宴请活动中的一言一行,是一个人自身的文化品位、素质教养和人格魅力的表现,是一个人的学识、修养和价值观的外在表现。一次完美的聚会宴请,能够展现出一个人的个人魅力,能够很好地协调人与人之间的关系,建立起一种和谐的群体氛围。

一、接受宴请礼仪

1. 收到宴会邀请

应先了解宴会的类型、时间、地点,做相应的记录,如记入备忘录等,并尽早答复主人。

对邀请函上注有"请答复"字样的,无论出席与否,均应该迅速答复。对注有"不能出席请答复"字样的,则在不能出席时才回复。

一旦接受邀请,除非特殊原因,否则不能随意缺席。若实在不能出席,应尽早向主人解释、道歉,或者亲自登门表示道歉。

2. 赴宴形象

莎士比亚曾说:"服饰往往可以表现人格。"服饰一直被认为是传递人的思想情感的非语言信息,服饰的礼仪文化往往体现着一个人的素养与内涵。赴宴着装亦是如此,根据宴会类型搭配合适的服装,注意仪表整洁,穿戴大方,尽可能整齐、干净、美观。若请柬上有着装要求的,则应按要求着装。

男士一般推荐穿深色西服、白色衬衫、打领带;女士可穿礼服(见图4-1)。

图 4-1 赴宴着装

为表示对主人和其他客人的尊重,忌穿工作服,忌满脸倦容或一身灰尘。为此,有必要进行一番清洗整理和化妆。男士要刮净胡须,如有时间还应理发。注意鞋子是否干净、光亮,袜子是否有臭味,以免尴尬。

3. 核实宴请的时间、地点

出席宴请抵达时间的早晚、逗留时间的长短,一定程度上体现了对主人的尊重、对宴会的重视和自己的教养。

赴宴的时间安排惯例是"准时晚到制"。这有两层含义:第一,赴宴一定不能早到,以防主人还未做好迎宾的准备,但可以准时到达。准时到达时,如果主人还未准备好迎宾,那就是主人失礼,与客人无关。第二,赴宴最好是晚到几分钟,这样可保证主人做好充足的迎宾准备。但这种晚到又不是长时间的迟到,让主人和其他嘉宾久等。晚到的时间可以控制在5~10分钟,视情况而定。如果是大型招待会,晚到时间可以放宽到25分钟左右。

4. 准备应携带的物品

(1)要考虑好是否携带礼品、鲜花等。一般而言,如果出席家宴,或者出席带有私人性质的宴请,最好是带一件小礼物或者鲜花送给主人。

(2)要考虑是否带上名片、笔及便条本。出席宴请活动,特别是大型招待会时免不了会遇到老朋友、结识新朋友,携带名片对于以后互通信息、保持联络大有好处,而且在收到他人名片时,若无名片回赠,其实也是一种失礼。

(3)注意是否需要再温习一下将有可能在宴请活动时遇到的其他客人信息。为避免再次相逢而又叫不上名字而尴尬。避免这种局面最好的办法是事先准备,看看以往收到的名片,回忆一些当时见面的情景。若遇到有叫不上名字的重逢之友,也可以用热情和机智试着化解尴尬。

二、席位礼仪规范

1.见面礼仪

见面问候是我们向他人表示尊重的一种方式,见面问候虽然只是打招呼、寒暄或是简单的三言两语,却表达了我们对他人的一种尊重。当抵达宴请地点时,首先跟主人握手、问候致意。对其他客人,无论是否相识,都应笑脸相迎,点头致意,或握手寒暄,互相问好;对长辈老人,要主动让座请安;对小孩则应多加关照。如果迟到了,在坐下之前,应先向所有客人微笑打招呼,同时说声抱歉。

2.就座和离席

就座:长者先坐,晚辈方可入座;女士先坐,男士方可入座;为保持绅士风度,男士为女士拉椅;坐姿端正,不过于拘谨。通常坐于2/3椅面处,双手自然放于膝部。

离席:男、女主人离席后,客人方可离席。应尊老爱幼,保持绅士风度,为长者和女士拉椅,方便其离席。

3.餐桌上的一般礼仪

(1)主人示意开始,待主人和长者开始进餐,方可进餐。

(2)进餐时,动作、手势不宜过大,不能将双手同时放置于餐桌上。不能用餐巾指点他人。

(3)取菜时,要少量多次。

(4)当主人为你夹菜时,若是自己不喜欢的菜肴,不应拒绝,可取少量放在盘内,并表示感谢。

(5)取菜时,应使用公筷、公勺。

(6)口内有食物时不应与他人交谈。

(7)进餐时不要发出声音。

(8)在餐桌上不宜抽烟,若有需要可到吸烟室。

(9)鱼刺和骨头要轻轻吐在自己的小盘里,不要吐在桌子上。

(10)切忌用手指剔牙,如需要,应用牙签,并以手或餐巾遮面。

(11)用餐完毕,餐具务必摆放整齐,不可凌乱放置。

(12)讲话注意分寸,要谈大家感兴趣的事情。

(13)主人向客人敬酒时,客人应起立回敬。

4. 应付餐桌上的意外

(1)用餐时如餐具掉在地上,不要俯身捡拾,可由服务员捡拾并更换。如酒水溅到别人身上,应表示歉意,并递上手帕或餐巾。

(2)如失手打翻酱碟,应向注意到的人婉言致歉,但不必自责。

三、离席礼仪规范

(1)大部分客人用餐结束时,主人将餐巾放在餐桌上,表明宴会结束。用完餐,餐具务必摆放整齐,不可凌乱放置。

(2)离开餐桌时,应将椅子挪回原处。

(3)离席时动作要轻,不要惊扰他人,更不要把座椅、餐具等物碰倒。

①男士应该帮助身边的女士离席。

②贵宾是第一位告别的客人。告别主人时,要表示衷心的感谢。

③若要中途离席,一定要选好时机,跟主人说明情况,减少影响。

第八节 中餐礼仪

中华饮食文化源远流长。在自古为礼仪之邦,讲究民以食为天的国度里,饮食礼仪自然成为饮食文化的一个重要部分。中国的饮宴礼仪号称始于周公,千百年的演进,当然不会再有"梁鸿孟光举案齐眉"那样的日子,但也形成了大家普遍接受的一套饮食进餐礼仪,是对古代饮食礼制的继承和发展。饮食礼仪因宴席的性质、目的而不同,不同的地区,也是千差万别。

一、类型的划分

1. 根据用餐的规模划分

(1)宴会

正式宴会:对于到场人数、穿着打扮、席位排列、菜肴数目、音乐演奏、宾主致词等要求严格。

非正式宴会:形式从简,偏重于人际交往,而不注重规模、档次。对穿着打扮、席位排列、菜肴数目不做过高要求,而且也不安排音乐演奏和宾主致词。

(2)家宴

家,在中国人心目中有着非同寻常的意义。而家宴更是代表着中国人待客的最高礼仪。家宴不仅仅是请客吃饭那么简单,更多的是要制造亲切、友好、温馨、自然的气氛。

(3)便餐

便餐礼仪讲究最少,是一种更亲切随意、不拘形式的进餐方式,只要讲究公德、注意卫生、遵守环境秩序即可。

2. 根据餐具的使用划分

(1)分餐式:每人一份

优点:既讲究了用餐卫生,又体现了用餐公平。

(2)公筷式:不必每人一份,但在取用主食、菜肴时,不允许用自己入口的餐具,必须借助公用的餐具。

优点:既体现了中餐传统用餐方式的和睦、热烈的气氛,又兼顾了现代人注意个人卫生的要求。

(3)自助式:由用餐者完全根据个人爱好自主选择菜品。

优点:节省费用;礼仪讲究不多,宾主两相方便;用餐者自由选择菜品。

(4)混餐式:又称合餐式。

优点:容易表现出家庭般的和睦、团结的气氛,但也带有显而易见的不够卫生的缺陷。

二、座位的安排

孔子认为仁爱之举是有分寸的,不能流于长幼无序、贵贱无等、尊卑不分。在现代,座次规则中依然存在着古代沿袭下来的讲究尊卑的传统观念。座次关系到来宾的身份和主人给予对方的礼遇。

总体原则:以右为尊、以远为上、以面朝大门为尊。

1. 桌次排列

(1)两桌组成的小型宴请

当两桌横排时,面对正门右边的为第一桌,左边的为第二桌,遵循以右为尊、以左为卑的原则。

当两桌竖排时,桌次高低是离正门越远越高,离门越近越低,即遵循以远为上、以近为下的原则。

(2)三桌或三桌以上的宴请活动

当三桌横排时,中间那桌的桌次最高,面对正门的右桌的桌次为第二,最左边的桌次为第三,即遵循居中为大,以右为尊的原则(见图4-2)。

图4-2　三桌横排的桌次

当三桌竖排时,中间的那桌为第一桌,接着是离门最远的为第二桌,最后是离门最近的为第三桌,即遵循以中为大、以远为上的原则。

当三桌以上的桌次进行排列时,讲究"面门定位"、"以右为上"、"居中为上"、"以远为上"等原则。

2. 位次排列

(1)每桌只有一个主位的排列方法

一般遵循"面门为上""以右为尊"的原则,主人在主位上就座,第一主宾坐在主人的右手位置,第二主宾坐在主人的左手位置。其余客人按此顺序排列下去。

（2）每桌有两个主位的排列

如果每桌有两个主位的时候，第一主人坐在面对正门的位置，第一、第二主宾分别坐在其右手和左手的位置。第二主人则坐在背对正门的位置，第三、第四位客人分别坐在其右手和左手的位置（见图4-3）。

图4-3　每桌有两个空位的排列

三、点菜的技巧

1. 点菜时间

如果时间允许，应该等大多数客人到齐之后，拿出菜单供客人传阅，并请他们来点菜。

2. 点菜原则

（1）看人员组成：人均一菜是较通用的规则，如果是男士较多的宴请，可适当加量。

（2）看菜肴组合：有荤有素，有冷有热，尽量做到全面。

（3）看宴请的重要程度：普通宴请和高级宴请所点菜色不大相同。

（4）注意事项：点菜时不要问价格，不要讨价还价。

四、餐具的使用

不管是外出参加宴席还是在家就餐，我们都要使用餐具。在正式的中餐聚会中，一般都会准备一套完整的中餐餐具，这些餐具的使用也是很讲究的。中餐的餐具主要有杯、盘、碗、碟、筷、匙六种，辅餐具有水杯、湿巾、水盂、牙签等。

1. 筷子

"垂垂水线白封青,一箸能生两眼明。"中华文化历史悠久,筷子深度参与其中。筷子看起来虽然毫不起眼,但其中的奥妙还是值得我们去探讨的。筷子的外形十分独特,也有一定的使用方法。

(1)在用餐前或用餐过程当中,将筷子长短不齐地放在桌子上,这种做法是很不吉利的,通常我们管它叫"三长两短",其意思是代表"死亡"。

(2)在用餐时用筷子敲击盘碗是不可取的。因为过去只有乞丐才用筷子击打要饭盆,其发出的声响配上嘴里的哀求,引起行人注意并给予施舍。

(3)用餐时将筷子颠倒使用,这种做法是非常被人看不起的,正所谓饥不择食,以至于都不顾脸面了。

(4)把一副筷子插在饭中,会被人视为大不敬,因为传统文化中为已故的人上香时才这样做,如果把一副筷子插入饭中,相当于给已故的人上香。

(5)在用餐时将筷子随便交叉放在桌上是不对的,这一点往往不被人们所注意。人们认为在饭桌上打叉子,是对同桌其他人的否定,就如同老师在作业本上打叉的性质一样。

(6)失手将筷子掉落在地上,这是严重失礼的一种表现。因为中国人认为,祖先们全部长眠在地下,不应当受到打搅,筷子落地就等于惊动了地下的祖先,这是大不孝,即"落地惊神"。如果不慎碰落了筷子,宜说声"快乐"(与"筷落"同音)。

2. 汤勺

用勺子取食物时,不要过满,免得溢出来弄脏餐桌或自己的衣服。在舀取食物后,可以在原处停留片刻,等汤汁不再往下流时,再移回来享用。暂时不用勺子时,应放在自己的碟子上,不要把它直接放在餐桌上,或是让它在食物中"立正"。

3. 盘子

用来暂放从公用的菜盘里取来享用的菜肴。用食碟时,一次不要取放过多的菜肴,不要把多种菜肴堆放在一起,弄不好它们会相互"串味儿",不好看,也不好吃。

不宜入口的废弃物,可以堆放在盘中一处,不要直接吐在餐桌上或地上。

4. 汤盅

汤盅是用来盛放汤类食物的。将汤勺取出放在垫盘上并把盅盖反转平放在汤盅上,就表示汤已经喝完。

5. 餐巾

用餐前,一般会为每位用餐者送上一块湿毛巾。这块湿毛巾的作用是擦手,擦手后,应该把它放回盘子里,由服务员拿走。而宴会结束前,服务员会再送上一块湿毛巾,和前者不同的是,这块湿毛巾是用于擦嘴的,不能用其擦脸或擦汗。

6. 牙签

尽量不要当众剔牙。非剔不可时,用一只手掩住口部。剔出来的东西,不要当众观赏或再次入口,也不要随手乱弹,随口乱吐。剔牙后,不要长时间叼着牙签,更不要用牙签来扎取食物。

7. 水盂

在宴席上,端上鸡、海鲜、水果时,有时会送上一小水盂(铜盆、瓷碗或水晶玻璃缸),水上漂着玫瑰花瓣或柠檬片,供洗手用。洗手时两手轮流沾湿指头,轻轻涮洗,然后用餐巾或小毛巾擦干。

五、敬酒的礼仪

敬酒是古代社会形成的旧俗,是一种文化,是一种礼仪,更是中国人民好客的一种表现。

1. 敬酒的顺序

一般情况下应按年龄大小、职位高低、宾主身份为顺序来敬酒。

2. 敬酒的举止

(1)向集体敬酒,就要求首先站起身来,面含微笑,手拿酒杯,面朝大家。

(2)当主人向客人集体敬酒、说祝酒词的时候,所有人都应该停止用餐或喝酒。主人提议干杯的时候,所有人都要端起酒杯站起来,互相碰一碰。

(3)别人向你敬酒的时候,要手举酒杯到双眼高度,在对方说了祝酒词或"干杯"之后再喝。喝完后,还要手拿酒杯和对方对视一下,这一过程才算结束。

(4)主人亲自向你敬酒后,要回敬主人一杯。回敬的时候,要右手拿着杯子,左手托底,和对方同时喝下去。干杯的时候,可以象征性地和对方轻碰一下酒杯,不要用力过猛,非听到响声不可。

（5）出于敬重,可以使自己的酒杯略低于对方酒杯。如果和对方相距较远,可以酒杯杯底轻碰桌面,表示碰杯。

六、吃相的讲究

有人说,判断一个人的教养只需看他的吃相就行。吃相对于每位参加宴会的人来说,都是必须注意的。

（1）举止应庄重文明,无论站姿、坐姿都要端正,入座后姿势应端正,脚不可随意向前伸直,手肘不得靠近桌的边缘,或将手放在邻座的椅背上。不要东依西靠,不要跷二郎腿,更不要晃来晃去。

（2）切忌用手指或刀叉指指点点;在公共场所不能随便脱掉上衣、松开领带或挽起袖子。

（3）宴会上严禁随地吐痰、扔烟头;应避免在餐桌上咳嗽、打喷嚏。若咳嗽、剔牙、打喷嚏应用手或餐巾把嘴遮住,万一忍不住打了喷嚏,应说声"对不起"。切忌用手指剔牙。

（4）如吃到不洁或有异味的食物,不可直接吐出,应用筷子从嘴里托出,放入渣碟;尚未就餐前,若发现盘中的菜肴有昆虫和碎石,不要大惊小怪,宜等候侍者走近后,轻声告知侍者更换。

（5）就餐过程中,不宜抽烟,如需抽烟,须先征得邻座的同意。

第九节　西餐礼仪

随着生活方式的改变和社会交往的活跃,我国吃西餐的人越来越多。在组织涉外活动时,为适应外国人的饮食习惯,有时候要用西餐来招待客人。西餐厅一般比较宽敞,环境幽雅,便于交谈,因此,西餐是一种比较受欢迎又方便可取的招待形式。西餐十分注重礼仪,讲究规矩,所以了解一些西餐方面的礼仪知识是十分重要的。[1]

一、西餐的餐序

便餐的菜序比较简单:开胃菜、汤、主菜或副菜、甜品,有时甜品可由咖啡代替。吃西餐配酒的习惯为:吃白肉(鱼类、贝壳及软体动物的肉)配白葡萄酒,吃红肉(牛、羊、猪、鸡等牲畜的肉)配红葡萄酒。

西餐的餐序是指正餐和便餐吃菜的顺序。正餐的一般顺序为开胃菜、开胃汤、副菜、主菜、甜品和饮料。

1. 开胃菜

第一道菜,以沙拉类、泥子、冻子为主,有时还有鹅肝酱。沙拉有很多种,如蔬菜沙拉、海鲜沙拉、什锦沙拉。泥子就是土豆泥、水果泥等。冻子是把菜熬熟了之后做成凝固物,如同果冻一般。开胃菜一般比较清淡爽口,选一种即可。

2. 开胃汤

第二道菜,以红汤、白汤、清汤为主。红汤是由琼汁、圆白菜、红萝卜、西红柿做成的,比较酸甜,如俄罗斯菜里的罗宋汤;白汤是蘑菇汤、奶油汤,在法国菜里比较常见;清汤则比较清淡。

3. 副菜

第三道菜,以鱼类、贝壳及软体动物等白肉为主,此外还有蛋类、面包类、酥盒类菜肴等。因为鱼类等菜肴的肉质鲜嫩,比较容易消化,所以放在其他肉类菜肴的前面。西餐吃鱼讲究使用专用的调味汁,品种有鞑靼汁、荷兰汁、酒店汁、白奶油汁、大主教汁、美国汁和水手鱼汁等。一般来讲,也可以不吃副菜,直接吃主菜。

4. 主菜

第四道菜,以肉、禽类菜肴为主。肉类菜肴的原料取自牛、羊、猪等的各个部位,其中最有代表性的是牛肉或牛排。肉类菜肴配用的调味汁主要有西班牙汁、浓烧汁、蘑菇汁、白尼斯汁等。

---

5. 甜品

第五道菜是甜品。通常包括所有主菜后的食物,如冰激凌、水果、干果、坚果、鲜果及各种各样的布丁、炸薯条、三明治、曲奇饼、烤饼等。

6. 饮品

最后一道菜是饮品,即咖啡或红茶。喝咖啡一般要加糖和淡奶油,也就是白咖啡,在西方,有身份的人更爱喝黑咖啡。红茶一般加香桃片和糖。

二、西餐的餐具使用和摆放

西餐的餐具主要有餐巾、刀、叉、餐匙、餐盘、杯。早午餐多无底盘,宜采用餐巾纸,亦置于刀与叉中间即可。

1. 餐具的摆法(见图4-4)

(1)餐具放置的范围,以每一位客人使用桌面长24英寸(约61厘米),宽16英寸(约41厘米)为准。

(2)底盘在正餐采用时,预先放置在客座的中央位置,盘沿距桌边不超过1/4英寸(约0.6厘米)。

(3)餐刀,置于底盘的右侧,刀口面朝向底盘。

(4)汤匙,置于餐刀的右外侧,匙心向上。

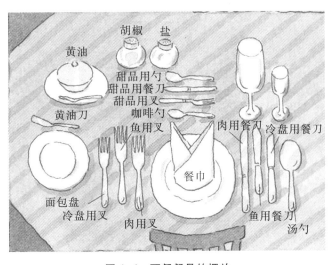

图4-4　西餐餐具的摆放

(5)餐叉,底盘的左内侧是生菜叉一只,紧接着是鱼用叉和肉用叉,叉齿向上。

(6)点心叉及匙摆置在底盘的前上端;事实上,餐桌上并非一定要摆上点心叉与匙,它们可在供应点心前或同时摆上餐桌。

(7)黄油碟置于餐叉的左前方,碟上横置黄油刀一只。

(8)饮料杯置于餐刀上端的中央位置。

(9)调味品及烟灰缸置于餐桌的中央位置,靠墙二人座桌子则置于近墙处的边缘。

2. 餐巾

一般将餐巾叠成长条形或者叠成三角形铺在腿上。其作用有:

(1)宴会开始和结束的标志。参加正式宴请,女主人把餐巾铺在腿上,表示宴会开始;女主人把餐巾放在桌子上,表示宴会结束。

(2)保持礼服的整洁。吃饭的时候菜肴、汤汁易将衣服弄脏,将餐巾铺在腿上,即便是菜品有汁溅出,会溅在餐巾上而不会弄脏衣服。

(3)擦嘴。吃饭的时候如果要跟别人交谈,要用餐巾先把嘴擦一擦再跟别人说话,但不能擦刀、叉、杯,更不能擦鼻子或擦脸。

3. 刀叉

(1)刀叉的取法:吃一道菜,换一副刀叉,一般可能会用3副刀叉分别用于吃沙拉、吃海鲜、吃主菜。按顺序由外侧向内侧取用,先拿最外面的一副,一般是吃沙拉的,然后再拿中间的一副,一般是吃海鲜的,最后再拿里面这副吃主菜的,一般带齿的刀是吃牛排的。因为牛排半生不熟,带齿的刀容易切。

(2)刀叉的持法:用刀时,应将刀柄的尾端置于手掌之中,以拇指抵住刀柄的一侧,食指按在刀柄上,但需注意食指绝不能触及刀背,其余三指则顺势弯曲,握住刀柄。叉如果不是与刀并用,叉齿应该向上。持叉应尽可能握住叉柄的末端,叉柄倚在中指上,中间则以无名指和小指为支撑。叉可以单独用于叉餐或取食,也可以用于取食某些开胃菜和馅饼,还可以用于取食那种无须切割的主菜。

(3)刀叉的使用:一般是右手持刀,左手持叉,先用叉子把食物按住,然后用刀切成小块,再用叉送入嘴内。欧洲人使用刀叉时不换手,即从切割到送食物入口均以左手持叉。美国人则是在切割完后,将刀放下换右手持叉送食入口。

(4)刀叉的摆放:每吃完一道菜,将刀叉合拢并排置于碟中,刀刃朝内,叉齿朝上,表示此道菜已用完,服务生便会主动上前撤去这套餐具。如尚未用完或暂时停下,应将刀叉呈"八"字形摆在餐碟上,刀刃朝内,叉齿朝下,意思是告诉服务员,我还没有吃完,请不要把餐具拿走。

3. 餐匙

西餐的餐匙,一般有2把或3把。若是2把,分别用作喝汤和吃甜品;若是3把,则另外一把用于喝红茶或咖啡。其用法如下:

(1)餐匙要从外侧向内侧取。

(2)餐匙不能含在嘴里,一般是先将餐匙边缘送到嘴边再到嘴里。

(3)餐匙不用时不能放在杯子里立着,应把它平放在盘子上,表示对其他人的尊重。

(4)喝汤时,餐匙到入汤,应从碗内向碗边舀汤,然后再送入口中,一旦入口,就要一次饮用完毕。

4. 餐盘

西餐中的餐盘一般是盛菜用的,但也有一些餐盘是用来盛汤的,如果汤很少时,可以用左手将盘子边沿稍稍提起使其向前倾斜,再以汤匙从内向外舀汤。使用餐盘时注意:自己面前的餐盘是用来切割食物的,不要在公共盘中将食物切割成小块,再取回食用,若有食物滑落到桌子上,将其放在餐盘的前端即可。

5. 杯

用咖啡杯或红茶杯时,一般是用右手的拇指和食指握住杯耳端起,然后再慢慢品尝。用手握杯身、杯口、托杯底,用手指穿过杯耳、双手握杯等,都是不正确的。与咖啡杯相对应的碟子用来放置咖啡匙,并接住溢出杯子的咖啡。喝咖啡时,如果离桌子较近,可以直接端起杯子喝;如果座位离桌子较远或站立、走动时,则可以用左手将杯、碟一起端起至胸前,再用右手持杯饮用。

西餐中,每一道菜要配用不同的酒,而不同的酒应换不同的杯,香气需要缓释的酒用收口的高脚杯,香槟酒要用广口的酒杯,雪梨酒一般以小杯盛饮。一般来说,在餐具的前方要摆放香槟酒杯、白葡萄酒杯、红葡萄酒杯及水杯四种杯子。

喝葡萄酒时,握杯的姿势是很有讲究的,为避免手的温度使酒温度升高,破坏酒的味道,应用大拇指、中指、食指握住杯脚,小指放在杯子的底台固定。喝酒时要轻轻摇动酒杯,让酒与空气接触以增加酒的醇香,但不要猛烈摇晃杯子,绝不能吸着喝,而要倾斜酒杯,将酒倒在舌头上品尝。此外,一饮而尽或边喝边透过酒杯看人,都是失礼的行为。不要用手指擦杯沿上的口红印,可用面巾纸擦拭。

三、西餐座次安排

西餐座次安排和中餐有很大不同,西餐一般都使用长桌,不同情况下,座次也不同。

1. 一般场合

若男女二人同去餐厅,男士应请女士坐在自己的右边,并注意不可让女士坐在人来人往的过道边。若只有一个靠墙的位置,应请女士就座,男士坐于对面。若是夫妻就餐,夫人应坐在靠墙的位置上,先生坐于对面。

若两位男士陪同一位女士进餐,女士应坐在两位男士的中间。

若两位同性进餐,则靠墙的位置应让给年长者。

2. 正式场合

按照国际惯例,桌次高低以离主桌位置远近而定,右高左低;同一桌上,席位高低以离主人的座位由远而近来定,同时男女穿插安排,即使是夫妻也应如此。以女主人的座位为准,主宾坐在女主人的右上方,主宾夫人坐在男主人的右上方。礼宾次序是排定座位的主要依据,同时也要考虑客人间的关系,适当照顾一些特殊情况,如译员一般坐在主宾的右侧。

此外,每个人入座或离座,均应从座椅的左侧进出。

四、吃西餐的注意事项

正如英国哲学家赫伯特所说:美好的气氛能使一盘菜变得像一个宴会。西餐很讲究气氛和情调。

1. 穿着

去高档的餐厅,男士要穿着整洁的服装和皮鞋;女士要穿套装和有跟的鞋子。如果指定穿正装,男士必须打领带。再昂贵的休闲服也不适合穿着去高级餐厅。

2. 入座

何时入座应听从主人安排。男宾应帮助其右边的女宾挪动椅子,等女宾入席时,再帮助她将椅子向前稍推,使其身体离桌边半尺左右为宜。男宾等女宾坐下后再入座。

3. 坐姿

吃西餐时的坐姿应保持稳定,不能前后摇摆,应挺直腰板,膝盖平放,腹部和桌子保持约一个拳头的距离。应避免的举动有:跷二郎腿、脱外套、摘领带、卷衣袖、伸懒腰、松裤带、摇头晃脑、伸展双臂或挪动座椅等。

4. 餐巾

如果在进餐中途有事需要出去一会儿,餐巾应放在座椅的椅面上,表示还没有吃完;若将餐巾放在桌子上,则表示已经进餐完毕,服务生就会收拾桌子。

5. 刀叉

使用刀时,不要将刀刃向外,更不要用刀送食物入口。切肉时应避免刀切在陶瓷、碟子上发出声响。吃面条,可以用叉卷起来再吃,不要挑起来直接吃。谈话时,可不必将手中的刀叉放下,但做手势时应当将手中的刀叉放下。

6. 喝汤、吃东西

喝汤时不要啜,吃东西时要闭嘴咀嚼,不可咂嘴发出声音。如汤菜过热,可待稍凉后再吃,不可用嘴吹。咀嚼食物时不可说话,更不可主动与主人谈话,即使有人和你讲话,也要等咽下食物后再回答。

7. 取面包、黄油

取面包应用手拿,然后放在旁边的小碟子中或大盘的边沿上,不要用叉子去叉面包。取黄油应用奶油刀,不可用个人的刀子,黄油取出后可放在旁边的小碟子里,不可直接往面包上抹。不可用刀切面包或拿整块面包咬,应该每次掰一小块,吃一块涂一块。

8. 吃鱼

西餐吃鱼,通常是吃无刺的鱼肉,如遇到带刺的鱼,可用刀将刺轻轻拨出;如鱼刺或骨头已经入口,不要直接吐入盘中,可用餐巾捂住嘴轻轻用叉接住后放在盘沿上,或尽可能不引人注意地用手取出放在盘中,不要扔在桌上或地上。西餐吃鱼常配柠檬,可用手将柠檬汁挤在鱼上。

9. 交谈

进餐时可与左右客人交谈,但应避免高声谈笑,也不要只同熟人交谈。若左右两边的客人都不认识,可做自我介绍,但在别人讲话时不可插话。

第十节　自助餐礼仪

一、自助餐常识

自助餐,有时亦称冷餐会,是目前国际上所通行的一种非正式的西式宴会,在大型的商务活动中尤为多见。因其可以在用餐时调动用餐者的主观能动性,由用餐者自己动手,在既定的范围之内自行选用菜肴,故称为自助餐。它又被叫作冷餐会,因为其提供的食物以冷食为主。自助餐具有如下优点:

其一,可以免排座次。正规的自助餐,往往不固定用餐者的座次,甚至不为其提供座椅。这样一来,既可免除座次排列之劳,还便于用餐者自由地进行交际。

其二,可以节省费用。因为自助餐多以冷食为主,不提供正餐,不上高档的菜肴、酒水,故可大大节约主办者的开支,并且避免浪费。

其三,可以各取所需。参加自助餐时,用餐者看见自己偏爱的菜肴,只管自行取用,不必担心他人会为此而取笑自己。

其四,可以招待多人。当需要为众多的人士提供饮食时,自助餐不仅可用以款待数量较多的来宾,还可以避免众口难调的问题。

1. 筹备自助餐

自助餐筹备礼仪是指自助餐的主办者在筹办自助餐会时所应遵循的礼仪规范。[1]

(1)自助餐的时间

依照惯例,自助餐大都被安排在各种正式商务活动之后,极少独立出来单独

---

① 　赵黎,田莉,余春风.大学生社交礼仪[M].北京:清华大学出版社,2019:149.

成为一项活动,故而其举行的具体时间受到正式的商务活动的限制。不过,它很少被安排在晚间举行,且每次用餐的时间不宜超过一小时。对于何时开始也并没有什么限制,只要主人宣布用餐开始,大家就可动手就餐。整个用餐期间,用餐者可以随到随吃,不必非要在主人宣布用餐开始之前到场恭候。用餐后,也不必统一退场。用餐者只要自己觉得吃饱了,在与主人打过招呼后,随时都可以离去。通常,自助餐是无人出面正式宣告其结束的。

一般来讲,主办单位假如预备以自助餐招待来宾,最好事先以适当的方式进行通报,并且要注意一视同仁,即不可安排一部分来宾用自助餐,而另外一部分来宾去参加正式的宴请。

(2)自助餐的场所布置

选择自助餐的就餐地点,只要能容纳全部就餐人员,又能为其提供足够的交际空间即可。

在选择和布置自助餐的场所时,应注意空间的容量和布局。正常的情况下,自助餐安排在室内外进行皆可,通常选择在大型餐厅、露天花园内。若主办方没有上述场地,也可外租、外借适合的场地。

就餐场所应环境幽雅、空气清新、布局合理,除了摆放菜肴和就餐的区域外,还应为宾客提供足够的交际空间。由于赴会人数无法估计,就餐场所应尽量大一些。

在选择、布置自助餐的就餐地点时,应注意:

①要为用餐者提供一定的活动空间。除了摆放菜肴的区域之外,在自助餐的就餐地点还应划出一块明显的用餐区域。这一区域,不要显得过于狭小。考虑到实际就餐的人数往往具有一定的弹性,难以确定,所以用餐区域的面积尽量划得大一些。

②要提供数量足够的餐桌与座椅。尽管真正的自助餐所提倡的是就餐者自由走动,立而不坐,但实际上有不少的就餐者,尤其是年老体弱者,还是期望在其就餐期间有一个暂时的歇脚之处。因此,在就餐地点应当预先摆放好一定数量的桌椅供就餐者自由使用。室外就餐时,提供适量的遮阳伞也是必要的。

③要使就餐者感觉到就餐地点环境宜人。在选定就餐地点时,不仅要注意面

积、费用问题,还须兼顾安全、卫生、温度、湿度等。不可让就餐者感到异味扑鼻、过冷过热、空气不畅或者过于拥挤。

(3)自助餐食物的准备

在自助餐上为就餐者所提供的食物,既有共性,又有个性。其共性在于,为了便于就餐,以提供冷食为主;为了满足就餐者的不同口味,尽可能使食物在品种上丰富多彩;为了方便就餐者选择,同一类型的食物集中在一处摆放。其个性则在于,在不同的时间或款待不同的客人,食物在具体品种上有所侧重。有时以冷菜为主,有时以甜品为主,有时以茶点为主,有时以酒水为主。除此之外,还可酌情安排一些时令菜肴或特色菜肴。

一般而言,自助餐上所备的食物在品种上多多益善,可在经济允许的情况下,尽可能地提供丰富的食物。具体来讲,一般的自助餐上所供应的菜肴大致应当包括冷菜、汤、热菜、点心、甜品、水果及酒水等几大类型。

在准备食物时,应注意保证食物的供应量,并注意食物的卫生,如有热菜、热饮,应注意保温。

(4)宾客的招待

自助餐主办者应尽主人的责任和义务,尽己所能招待好客人。一方面,照顾好主宾,在自助餐上,主人应陪同其就餐,并与其进行适当的交谈,为其引见其他客人。但不要始终伴随其左右,应给主宾留下一些自由活动的时间。另一方面,要充当好引荐者。自助餐是一种重要的社交活动,参加者往往要进行适度的交际。在进餐期间,主人要义不容辞地充当好引荐者,为互不相识的客人牵线搭桥,为他们创造相识的机会。应注意,在介绍他人相识时,须了解彼此双方是否有意认识,切勿自作主张。

在大规模的自助餐上,应安排专人服务。通常,自助餐上的侍者须由健康而敏捷的男性担任。侍者的主要职责是,为避免来宾因频频取食而无暇同他人交谈,而主动向其提供一些辅助性的服务。如推着装有各类食物的餐车,或是托着装有多种酒水的托盘,在来宾之间巡回走动,听凭宾客各取所需。另外,侍者还负责补充供不应求的食物、饮料、餐具等。

二、参加自助餐的礼仪

主要指就餐者在参加自助餐时所应遵循的具体礼仪规范。

1. 按序取菜

在就餐取菜时,由于用餐者往往成群结队而来,大家须自觉维护公共秩序,排队选用食物。不允许乱挤、乱抢、乱插队,更不允许不排队。

在取菜之前,先要准备好一只食盘。轮到自己取菜时,应以公用的餐具将食物装入自己的食盘之内,然后迅速离去。切勿在众多的食物面前犹豫再三,让身后的人久等或在取菜时挑挑拣拣(见图4-5)。

2. 循序用菜

一般的自助餐标准的取菜顺序应当是冷菜、汤、热菜、点心、甜品和水果。因此,在取菜前,最好先在全场转一圈,了解一下情况,然后再去取菜。

3. 多次少取

用餐者应根据个人口味选取食物,每次少取一点,如觉得可口还可再取,即多次少取,量力而行。

图4-5 自助餐取菜

4. 避免外带

在用餐时,不论吃多少食物都没关系,但不可偷偷往自己的口袋、皮包里装食物,更不可将食物打包外带。

5. 照顾他人

关心自己的同伴,若对方不熟悉自助餐,不妨向其扼要地进行介绍。在对方乐意的前提下,还可向其具体提出一些有关选取菜肴的建议。但不可以自作主张为对方取食物,更不可以将自己不喜欢或吃不完的食物"处理"给对方。

对其他不相识的用餐者,应当以礼相待。在排队、取菜、寻位及走动期间,对其他用餐者要主动谦让,不可目中无人、蛮横无理。

6. 积极交际

在参加自助餐时,一定要主动寻找机会,积极进行交际活动。首先,应当找机会与主人攀谈一番;其次,应当与老朋友好好叙叙旧;最后,还应当争取多结识几位新朋友。

自助餐上,交际的主要形式是几个人聚在一起进行交谈。为了扩大自己的交际范围,在此期间不妨多换几个交际圈,在每个交际圈都应待上一定时间,不能只待一两分钟就走。

介入陌生的交际圈,大体上有三种方法:其一,请求主人或圈内之人引见。其二,寻找机会,借机加入。其三,主动进行自我介绍。但加入前,应先求得圈内之人的同意。

7. 善始善终

最后应注意用餐的末轮效应,将餐盘送到指定的位置。

第五章　办公礼仪和面试礼仪

第一节　沟通礼仪

一、与长辈、老师的沟通

（1）不能直呼长辈名字,应叫尊称。

（2）在长辈面前不要大声说话。

（3）要有说"请"和"谢谢"的礼节。

（4）尊重长辈、老师的人格。学生和老师谈话时,应主动请老师先坐,若其不坐,应该和老师一起站着说话。

（5）同老师谈话,要集中精神,姿势端正,双目凝视老师,有不同看法时,可及时向老师请教、探讨。

（6）要虚心接受老师批评,不可当场顶撞老师。

【案例】

要给上司留面子

芳菁毕业一年多,在一家广告公司做广告文案策划,她漂亮、聪慧、干活利落,深得上司李经理的赏识。

一次,李经理交给芳菁一项重要的任务:按照他的既定思路做一个详细的策划方案。李经理先告诉芳菁,客户是一个当地大型商业地产公司,并表示这个客户对公司的发展很重要。为此,李经理先提出了策划思路,让芳菁只要按照这个思路做策划方案就行了。

芳菁很不解:以前都是李经理提出要求,策划方案完全由自己完成,而且每次都能得到李经理称赞。难道是李经理对自己不够放心,不相信她的能力?而且,芳菁发现李经理的思路有一个致命的错误,如果按照那个思路做策划方案,肯定会遭到客户的拒绝。

于是,芳菁又找到李经理,当时李经理和全公司的领导正在开会。芳菁当着众人直截了当地说:"你的思路根本不对,应该这样……"她当着众人的面直接否定了李经理,这让李经理感觉很没面子,结果将方案给了别人做。尽管最终的策划方案的确不是李经理原先的思路,但芳的同事没有像芳菁那样直接顶撞李经理,而是私下同李经理进行交流,李经理主动改正了原有的思路。

讨论:请问您觉得芳菁是哪里出问题了呢?

二、与同学朋友的沟通

1. 同学之间要互相尊重

与人相处,除了首先要注意自己的言行外,也要尊重别人。一个不懂得尊重别人的人,往往也不会得到别人的尊重。所以,同学之间一定要互相尊重。

(1)不给同学起有侮辱性的外号。

(2)不说使别人感到伤心的话,对于身患残疾的同学,说话更应该注意。

(3)对同学说话,态度要诚恳、谦虚,语调要平和,不可装腔作势。

2. 同学之间互助互爱

在学习上,不要因怕别人超过自己而对学习资料保密,应该互相分享,共同进步;不要看不起成绩差的同学,应热心替他补课,帮助他早日跟上来;对生病、残疾的同学,除在学习上关心外,生活上也应该对其提供实质性的帮助;在集体活动中,大同学要关心小同学。

3. 有礼貌地请教问题

(1)要在同学有空闲或方便的时候请教,不可随便大叫,影响同学的学习。

(2)请教时要使用礼貌用语。

(3)懂得为同学解围。

(4)别忘了道谢。

4. 团结同学

（1）平时遇到同学，要主动打招呼，对同学要热情有礼貌，保持微笑。

（2）当别人遇到困难或发生不幸时，不要幸灾乐祸或挖苦讽刺，应有善良的同情心，尽力帮助他们。

（3）和人相处，不能当面一套背后一套，不要当众挖苦别人的短处，应多肯定别人的优点和长处。

（4）不在同学面前论长道短，搬弄是非，不当长舌妇，不刻意挑事。

（5）时常和同学主动交流，增进友谊。

三、与领导同事的沟通

1. 处理好同事关系的要点

对于职场人而言，除了家庭成员外，与同事的交往是最为密切的。然而，同事之间的关系既是协作关系，又是竞争关系，那么，职场人怎样才能处理好这两种关系，创造出和谐友好的同事关系呢？这就需要在与同事相处时做好以下几点：

（1）尊重前辈。无论是多么亲密的关系，对前辈说话时都要注意掌握分寸。此外，无论前辈多么喜爱你，也不要过分亲昵。在宴会上也不要忘了上下级之间的差别。

（2）相互尊重。这是处理好任何一种人际关系的基础，同事关系不同于亲友关系，它是以工作为纽带的，不是以亲情、友情等为纽带的。亲友之间一时失礼，可以用亲情、友情来弥补。而同事之间的关系是纯粹的工作关系，一旦失礼使得双方不快，嫌隙就难以愈合。因此，处理好与同事之间的关系，最基本的就是要尊重对方。

（3）切忌妄自尊大。你被提拔高升以后，不要认为这是个人力量所致，而应该感到这是同事们积极配合、共同合作的结果。不要忘了谦虚待人，否则，将来你就可能指挥失灵，遭到曾支持过你的同事们的集体背弃。

（4）相互帮助。同事有困难时，应主动问候，对力所能及的事应尽力帮忙，这样会增进双方之间的感情，使关系更加融洽。不要只顾自己兢兢业业埋头工作，而不管他人，只有好的合作，才会有好的工作结果。

（5）不要在办公室内阿谀逢迎，趋炎附势，攀龙附凤，一定要光明正大、诚实正派。有些人在办公室人前人后两张面孔，在领导面前充分表现自己，办事积极主动，极尽溜须拍马的功夫；在同事或下属面前，则推三阻四、爱理不理、推诿工作。长此以往，只会搬起石头砸了自己的脚。要尊重他人隐私。每个人都有隐私，如果背后议论他人的隐私，会损害他人的名誉，引起双方关系的紧张甚至恶化，是一种极端不光彩的行为。

（6）不要感情用事。凡事不要先感情用事，还没核实清楚的事就怒不可遏地对人进行诅咒、贬低，这样做实际上毫无益处。一个只知道泄私愤的人是很难获取别人的好感和支持的。

（7）主动道歉。同事之间朝夕相处，一时的失误在所难免。对于误会，应主动向对方说明，如果出现失误，应该主动向对方道歉，以取得对方的谅解。不可以小肚鸡肠，耿耿于怀，甚至事后报复。

（8）不可以随意转借他人之物。有的人总是毫无顾忌地把他人之物拿来就用，有的人则满不在乎地把借来的东西又转借给他人，这些都是很不好的习惯，而且这样的人也毫无信用可言，不会得到同事的信赖。

（9）尽量避免经济纠纷。同事之间可能有相互借钱、借物或者馈赠礼品等物质上的往来，即使是很小的款项，也应该记在备忘录上，以提醒自己及时归还，以免因遗忘而引起误会。如果所借的钱物不能及时归还，应该每隔一段时间就向对方说明情况。借钱、借物给同事，可以要求其写借条。在物质利益方面，无论是有意还是无意地占对方的便宜，都会使对方在心理上产生不快，从而降低自己在对方心目中的形象。

【案例】

不会沟通，从同事到冤家

小霞是公司销售部的一名员工，为人比较随和，不喜争执，和同事的关系相处得都比较融洽。但是，前一段时间，不知道为什么，同一部门的老李老是处处和她过不去，有时候还故意在别人面前指桑骂槐，跟她合作时也都有意让小霞多做工作，甚至还抢了她好几个客户。

起初,小霞觉得大家都是同事,没什么大不了的,忍一忍就算了。但是看到老李如此嚣张,小霞一赌气,告到了经理那里。经理把老李批评了一顿,从此,小霞和老李就成了真正的冤家。

讨论:您觉得他们的沟通哪里出了问题?

2. 如何协调与同事的争执

办公室其实就是一个小社会,工作日时我们要在这里度过一天的大部分时间。有人的地方就有矛盾,特别是在一个各类人员云集、良莠一时难辨的办公室,同事之间难免会有争执、误会和冲突。产生争执大致有以下三种情况:思维方法不同,做人方式不同,物质利益有冲突。那么如何协调这种争执呢?

首先,当对方情绪激动时,自己不要跟着激动,如果不能马上找到妥协点也不必勉强,可等待合适的机会。

其次,双方都不要固执己见,要充分听取对方的意见,让对方自由、直截了当地说出自己的想法。听者应认真地全部听完,然后再把自己的想法谨慎、冷静地告诉对方。

再次,双方都要站在对方的立场上,设身处地考虑问题,设法使双方达成一致的见解。

3. 与领导沟通的要点

生活中有很多礼仪,但是现如今有多少人会在意呢? 不过,可能正因为别人都不理会,而你在意并且遵守了这些礼仪,比如职场礼仪,你就比他人晋升的可能性要大。而上司是决定你去留升迁的关键。懂得与上司相处的礼仪,不仅能够获得上司的信任和喜欢,而且也会让自己更快地进步。职场如战场,而上司就是你的大帅,他的权威感不容损伤,所以,职场人,尤其是新人,一定要把握住与上司相处的礼仪。

(1)见到上司,便应该趋前打招呼。如果距离远不方便,可注视之,目光相遇,点头示意即可。近距离相遇则用礼貌用语打招呼。

(2)在公共场合遇见上司,不要表示出特别的热情,礼貌地大声招呼就可以了。千万不要在公共场合嘘寒问暖。

(3)不要在公司电梯里或办公室有第三者的情况下与上司谈家常,特别是上司的家事。

(4)不要在上司面前搬弄是非。

(5)在公共汽车或地铁遇见上司时,要主动招呼并让座,下车别忘记说再见,但是在特别拥挤而狼狈的公共场所遇到上司时,请一定要巧妙躲开,让他认为你没有看见他。

(6)偶尔撞见上司的隐私时,应装作没有看见或者看不懂,不要触及上司的隐私,更不要再次提起,或者在公司同事间传播。

(7)理解上司的命令和要求的意图,切莫机械行事。出了错不要找借口,更不能说"是你让我这样做的"等来推卸责任,上司说话时不要插嘴,更不要在挨骂的时候插嘴。要学会自我检讨,不能推卸责任。

(8)在工作酒会上,一定要等上司举杯,你才能举杯。千万不要拿起酒杯一句话不说就一饮而尽,这样上司会以为你对工作有不满情绪。更不要在上司面前喝得醉酒失态。

(9)与上司一起出差,绝对不要和上司订同一间客房,上司进入房间后,宾馆的客房就成了上司暂时的私人空间,如果要找上司谈工作,必须打电话联系,不要贸然去敲门,更不能直接进入。

【案例】

用心和认真的区别

小张与小李同为公司新进员工,半年后小张提升为助理,而小李还是一般员工。一天,小李不服气地找到主管去申诉,主管什么话都没说,而是告诉小李:目前与××公司有个合同需要签订,你现在去他们公司协调一下吧。小李领命后出发去对方公司,一个小时后回来了,告诉主管说:合同于明天下午两点签订,需要我们准备文本,签约地点放在我们公司。说完后他就站在主管旁边不再出声。主管说:没了? 小李说:没啦,就这些。主管说道,你去把小张叫来。小张来到主管办公室,主管交代了同样的任务给小张,小张听完后就出发去了对方公司,一个小时后也回来了,告诉主管说:签约仪式定于明天下午两点,地点在我们公司,他们会与董事长一同前往我们公司,不用我们派车接送,合同签完后对方公司提出去开工现场视察进度,结束后请我们派司机送他们公司相关人员回去,晚饭就不用准备了。小张说完后,主管问小李:你听到什么了吗? 小李看看主管,再看看小张,无话可说,道别后转身离开了办公室。

请问:从案例中你学到了哪些沟通技巧?

第二节　交流问候

一、文明用语

1. 问候语

熟人相见自然要打个招呼,彼此陌生的人见面时也应该打个招呼,从事服务性工作的人对顾客更需要经常打招呼。这就是我们通常所说的问候,问候是人际交往中的重要环节。

随着社会的进步,交往中对语言使用的要求更高了。见面时应根据彼此的关系问候"您好""你好""早上好""晚安"等。这种问候语简单明了,不受场合约束而且听起来很亲切。早上,走进单位或学校的大门,对同事或同学说声"你好"或"早上好",陌生人初次相识,说一声"您好,见到您很高兴",能使彼此的关系很快地融洽起来。

不论在何种场合,问候时表情应该自然、和蔼、亲切,脸上应保持温和的微笑。不论是何人以何种方式问候自己,只要对方出自善意均应作答,不可以毫无表示,回答对方问候时也可以对等使用问候语,应该问候时不问候,是失礼的。

2. 感谢语

当别人帮了你,哪怕是一点小忙,都应该说"谢谢""麻烦您了""非常感谢"。在接受别人的赠物或款待时,应该说"好,谢谢",拒绝时应该说"不,谢谢",而不应该说"我不要"或"我不喜欢"。

在感谢时可以说明原因,比如"谢谢您送给我鲜花,我非常喜欢","谢谢您借我的书,我到处都买不到"等,说"谢谢"的时候,还应该以热情的目光注视对方。

3. 道歉语

做了不应该做的事,应及时道歉说"对不起,实在抱歉""真过意不去""真是失礼了"等。如果不经意打扰了别人,或是打断了别人的话,应该说"对不起,打扰了","对不起,打断一下"等等。

被道歉者也不应该对道歉者横眉冷对,而应该说一声"没有关系。"

4. 其他

在社交场合时,有各种各样的礼貌语言。

（1）征询语

"您有什么事情吗?""我能为您做些什么吗?""这样会不会打扰您?"上述这些话都表示征询,主动关心别人,既热情,又有礼貌。

（2）应答语

"您不必客气。""没关系,这是我应该做的。""照顾不周,请多指正。"这些话在特定的语言环境中,或回答对方的歉意,或回答对方的谢意,或回答对方的要求等等,都是有礼貌的应答之辞,对方听了以后一定会深感愉快的。

（3）赞美语

"很好!""太棒了!""这太美了!"这类话很多,均表示赞美的意思。说这类话时既要热情,又要坦诚,切勿使用言不由衷、心口不一、小题大做的阿谀之辞。

（4）慰问语

"您辛苦了。""让您受累了。""给你们添麻烦了。"这些话都是表达善意的慰问。

人际交往中,这类话看起来很简单,似乎可说可不说,但实际上,正是这些简单的话语,让对方觉得你是个有修养、懂礼貌、热情开朗的人。

【案例】

傲慢的小老鼠

从前有一只小老鼠,总觉得自己了不起,对别人很不礼貌。

一次它去上学,一只蜗牛迎面走了过来,挡住了它的去路。小老鼠凶巴巴地说:"小不点儿,滚开,别挡我的路!"说着一脚踢了过去,把蜗牛踢得滚出去很远。

还有一次,小老鼠到河边喝水,觉得河里的一条小鱼妨碍了它,于是,它捡起一块石头就扔了过去。小鱼受到袭击,吓了一跳,慌忙躲避。小老鼠哈哈大笑说:"知道我的厉害了吧!"

一天晚上,小老鼠在回家的路上看见一只小猪躺在路边,就趾高气扬地说:"谁给你这么大的胆子,竟敢挡住我的路!"说着,一脚踢了过去。"嘭"的一声,小老鼠正好踢到小猪的蹄子上,小猪倒没什么事,小老鼠却"哎呦哎呦"地叫了起来,它的脚肿起了一个大包。小猪站起来对小老鼠说:"你对别人傲慢无礼,不懂得尊重人,今天尝到苦头了吧! 只有尊重别人,才能获得别人的尊重。"小老鼠看着受伤的脚,羞愧地低下了头。

这个小故事告诉我们,如果自己对别人出言不逊,不尊重他人,就不能赢得他人的尊重。

二、交谈的原则和技巧

1. 态度诚恳,语言准确

诚恳热情是人际交往的基本原则,交谈也应如此,在此基础上,还应注意语言表达的准确性,准确的语言能给人以清晰的美感。

2. 待人平等,语言亲切

要以自然平等的态度与人交谈,交谈的双方可能身份、地位不同,但不论在何人面前,交谈的态度都应该是坦诚、平等的。在交谈的过程中,要理解和信任对方,建立和谐的人际关系。交谈时,亲切友好、轻松愉快的语言意味着平等、和谐、坦率和诚实。

3. 举止大方,语言幽默

要把握自己,与任何人交谈时都应该是落落大方的,即使是在陌生人面前,也要表现得从容不迫,不要扭捏、拘束,即便做不到谈笑风生,也不要躲躲闪闪、慌慌张张。在交谈时,应注意语言的幽默感,幽默感是一个人内在涵养的表现,幽默不同于一般的玩笑,更不同于戏谑。幽默实际上充满着敏锐、机智、友善和诙谐,在会心的笑声里启人心智,因此善于表达幽默是能力强的表现。

4. 使用礼貌用语,保持口语流畅

交谈中应随时注意使用礼貌用语,这既是一种习惯,更是一种修养。交谈中还应注意语言的流畅性,尽量避开书面语言,用口语交谈,应该去掉过多的口头语,诸如"那个""反正""然后"等。这些口头语会阻碍语言的流畅,让人感到你是个缺乏文化修养的人,思维迟钝或逻辑混乱。

【案例】

听比说更重要

一位西方哲人说过:"上帝给了我们两只耳朵,却只给我们一张嘴巴,意思是让我们多用耳朵听,少用嘴巴说,不逾越此原则,才不致违背了上帝的旨意。"这就是说,我们对于别人的谈话要多加以谛听。

谛听,即仔细聆听,它是面对面销售中促使顾客做出购买决定的一个非常重要的手段,在与顾客进行面谈时,不少推销员总是滔滔不绝地推荐产品,不给顾客表达意见的机会,因而很容易引起顾客的反感。实际上,谛听比谈话更重要。专业资料表明,任何一次销售成功,约有75%要依赖推销员谛听功能的发挥,而只有25%是依赖发问谈话技巧来完成的。

销售过程中把更多的时间留给顾客,表面上看顾客似乎是主动的意见发出者,而推销员是被动的意见接受者,前者掌握面谈的主动权而后者处于不利地位。其实心理学家经过大量的研究证明,"说"与"听"两者相比,听者更有利。原因很简单,在交谈过程中听者思考的速度大约是说者的5倍,显然在问题思考上,谛听的推销员要比说话的顾客更有优势。在谛听过程中,推销员有充分的时间对顾客的真实疑虑进行准确的判定,及时捕捉各种购买信息,同时善于聆听,投其所好,又能很快赢得顾客的注意、兴趣及信任。所以,在面谈过程中,推销员一定要学会谛听,掌握谛听的艺术。

全神贯注、专心致志地听,是谛听艺术最重要、最基本的问题。

一方面,只有全神贯注地谛听,才能准确把握顾客所要表达的真正思想。心理学研究表明,一般人在听时的思考速度远快于说话时,所以说话的人话还没有说完,听话者就已经基本理解了,这样,听者常常容易开小差。也许就在这时,顾

客传递了一个至关重要的信息,这样就可能会由于你的大意而导致面谈的失败,因此要全神贯注地谛听。

另一方面,只有专心致志地听,才能赢得顾客的注意、好感和尊重。推销人员对此更不能掉以轻心。可以想象,如果你登门拜访某一位顾客,或在顾客的办公室里,或与顾客共进午餐时,你总是不用心,东张西望,三心二意,顾客会怎么想呢?他会认为你没有把他放在眼里,你的推销计划便就此终结了。所以,如果不想引起顾客的反感,就必须用心地去听。美国汽车销售大王乔·吉拉德对谛听的理解是这样的:当你听到顾客要说什么时,你必须凑上前去以表现出急于聆听的样子;当你说话时你通常应该两眼注视着他,而当你听他说话时,你通常应该双眼注视着他;甚至在你回答问题时,也需要表情自然,双目始终注视着他。这种眼神的对视接触是重要的,它表明你在仔细地听他讲述。

第三节　致意礼仪

致意是一种常用的礼节,表示问候之意,通常用于相识的人之间在各种场合打招呼。向对方致意问候时,应该诚心诚意,表情和蔼可亲。若毫无表情或精神萎靡不振,会给人以敷衍了事的感觉。具体的致意方法有以下几种。

一、举手致意

举手致意,一般不必出声,只将右臂伸直,掌心朝向对方,轻轻摆一下手即可,不要反复摇动。举手致意,适用于向较远距离的熟人打招呼。

二、点头致意

点头致意,适用于不宜交谈的场所,如在会议、会谈进行中,与相识者在同一场合见面或与仅有一面之交者在社交场合重逢,都可以点头为礼。点头致意的方法是头微微向下一动,幅度不大。

三、欠身致意

欠身致意,即全身或身体的上部微微向前一躬,这种致意方式表示对他人的恭敬,其适用的范围较广。

四、脱帽致意

与朋友、熟人见面时,若戴着有檐的帽子,则脱帽致意最为适宜。即微微欠身,用距对方稍远的一只手脱帽子,将其置于大约与肩平行的位置,同时与对方交换目光。

致意时要注意文雅,一般不要在致意的同时向对方高声叫喊,以免妨碍他人。致意的动作也不可以马虎或满不在乎,而必须是认认真真的,以充分显示对对方的尊重。

第四节　称呼礼仪

称呼是指当面招呼对方,以表明彼此关系的名称。因各民族习惯不同,语言不同,社会制度不同,所以称呼上的差别较大。需要注意的是,称呼对方要合乎礼节。

一、国内称呼

1. 称呼他人

和别人说话不用任何称呼,无论是对熟人还是对陌生人,都不是礼貌之举。不使用称呼,只是用眼神、动作来告诉别人你是在叫他,有涵养的人会认为你是不好意思或害怕出错而不和你计较,自尊心或虚荣心强的人则会认为你轻视他而明里暗里地责怪你。向陌生人求助,如果你突兀地走过去直接表达你的想法,对方会被吓一跳,接着就会为你的莽撞而不悦,继而不愿意提供帮助。

称呼不用占用几个字,但它包含了一个人对另一个人身份的肯定和最起码的尊重。只要与人说话,就不能省略称呼。称呼该如何叫,每个人都有特殊的爱好,千万不要无视主人的喜好和习惯而乱用称呼。因此在称呼某人之前,应先听听别人是怎么称呼他的,同时听听关系不同的人如何称呼他;如果某人明确告诉你不要叫他什么,你一定不要叫他什么;如果不知道别人喜欢怎样的称呼,可以主动询问。

使用称呼时还要注意以下几点:

(1)称呼老师、长辈要用"您"而不用"你",不可直呼其名,一般可在其姓氏后面加限制词。

(2)初次见面或相交未深,用"您"而不是"你"以示谦虚与敬重。

(3)熟人熟友见面,不可称呼"您",以免给人以生疏、拘谨之感。

(4)称呼任何人都要尽可能了解其民族习惯、地域特点,做到尊重对方,不伤害对方的感情。称呼别人时不尊重别人的个人习惯是不礼貌的。

(5)称呼同事、朋友、邻居、熟人,可直呼其名,或只叫对方名字而省略姓,或以"老×""小×"的方式称呼其姓。

(6)在公共场合称呼陌生人,应根据对方的年龄和性别进行称呼,如"女士""先生""小伙子""老伯""大妈"等。

(7)在正式场合可按对方的职务以姓相称,如"×教授""×主任"等,在特别正式的场合应以对方的全名加职务相称。

(8)在对称呼有特定习惯的单位,应按照惯例称呼别人,比如在一些外企中彼此直呼其名。

(9)不要随便用自创的绰号称呼同事,如果绰号不雅或含有戏弄意味,更不能使用。

(10)称呼别人要注意自己的声音。称呼别人时,自己的声音很重要,声音也有表情,我们不能让声音使礼仪失去效用。

①称呼别人时,音量要适中,声调应和缓、热情洋溢。

②称呼别人时,表情和姿态要大方、从容。

③在同一个场合分别称呼同时在场的几个人时,声调、语气和音量不要有明显变化,以免方式别人误解。

2. 称呼自己

"您好！我是李先生""我是张小姐"……这样的自称听起来很正式,却是错误的。如果上门推销的业务员如此称呼自己,表明他连起码的职业素养都没有;如果参加求职面试的大学生如此称呼自己,表明他缺乏实践经验,待人接物的能力有所欠缺;如果演员或主持人在公众面前如此自称,表明他严重自恋、虚伪做作。中国人向来奉行谦恭的态度,称呼自己为"先生"或"小姐",显然是有违传统礼仪规矩的。因此在称呼自己时一定要注意不可称呼自己为"×先生/×小姐"。以下是正确示范:

(1)面对长辈、亲朋,可以用自己的名字或小名自称。

(2)向不熟悉的人或通过电话沟通的陌生人进行自我介绍时,应以全名自称,也可以以自己的姓自称,如"我姓李"。

(3)对方是上司或上级领导时,应以全名加职务说明自称,比如"我叫某某,是财务科的负责人"。

二、涉外称呼

在对外交往中,应严格遵循国际上通行的称呼习惯,不得有丝毫的大意。

一般称男子为"先生",未婚女子为"小姐",已婚女子为"夫人"。如果对方的婚姻状况不明,应该称"小姐",切不可错称。在外交场合女性都可以被称为"女士"。以上称呼可以连同姓名、职衔一起使用。对职位较高的官方人士,一般指部长以上的高级官员,可称"阁下",如"部长阁下""总理阁下"等,以示郑重。

在涉外场合,正确使用称呼非常重要,应该使用敬称的时候,切不可掉以轻心,因为这是表示对他人的尊敬,是礼仪的要求。否则容易伤害对方的感情,或者被对方认为缺乏教养。

【案例】

被拒绝的生日蛋糕

有一位先生为一位外国朋友订做生日蛋糕。他来到一家酒店的餐厅,对服务小姐说:"小姐,您好,我要为我的一位外国朋友订一份生日蛋糕,同时打一份贺卡,你看可以吗?"小姐接过订单一看,忙说:"请问先生,您的朋友是小姐还是太太?"这位先生并不清楚这位外国朋友结婚没有,从来没有打听过,他为难地抓了抓后脑勺想想说:"小姐?太太?一大把岁数了,写'太太'吧。"生日蛋糕做好后,服务员小姐按地址到酒店客房送生日蛋糕,敲门后,一女子开门,服务员小姐有礼貌地说:"请问,您是怀特太太吗?"女子愣了愣,不高兴地说:"错了!"服务员小姐丈二和尚摸不着头脑,抬头看看门牌号,再回去打个电话问那位先生,确认房间号码没错。再敲一遍,等对方开门后说:"没错,怀特太太,这是您的蛋糕。"那名女子大声说:"告诉你错了,这里只有怀特小姐,没有怀特太太!"说完"啪"一声,门被大力关上,蛋糕掉在了地上。

这个故事,就是因为错误的称呼所造成的。在西方,特别是女子,很重视自己的称呼。如果搞错了,引起对方的不快,往往好事就会变成坏事。

第五节　电话礼仪

一、拨打电话礼仪

1. 要选择对方方便的时间

(1)不论与他人有多熟,最好都不要在别人休息时打电话,也不要太晚打电话,打电话最好的时间是上午九点半到十点半,下午三点到四点,晚上最好不要打,如果特殊情况可以先发信息确认对方方便接电话后再打过去。

(2)如果是公事,尽量不要占用他人的时间,尤其是节假日时间。

(3)如果不是公事,力求避免在对方的通话高峰和业务繁忙的时间内打电话。

(4)为避免影响他人休息,在打电话前应搞清各地区时差及各国工作时间的差异。

【小知识】

主要世界城市与北京时差

纽约相对北京要晚13个小时。

洛杉矶相对北京要晚16个小时。

法兰克福相对北京要晚7个小时。

伦敦相对北京要晚8个小时。

巴黎相对北京要晚7个小时。

2. 要长话短说

打电话时要力求遵守"三分钟原则"。所谓"三分钟原则"是指:打电话时,拨打者应自觉地、有意识地将每次通话时间控制在3分钟之内,尽量不要超过这个时间。

3. 规范内容,语言简洁明了

(1)充分做好通话前的准备。在通话之前,最好把对方的姓名、电话号码、通话要点等内容列出一张清单。这样做可以避免通话者在谈话时出现临时组织语言、没有条理的问题。

(2)说话时要简明扼要。如果电话接通后,除了要问候对方外,还要记得自报单位、职务和姓名。如果请人转接电话时,一定要向对方致谢。电话中讲话一定要务实,不能吞吞吐吐、含糊不清。寒暄后,就应直奔主题。

(3)说话要适可而止。打电话时,如果要说的话已经说完,就应该果断地终止通话,不要话讲完后,仍然反复铺陈、絮叨。否则,会让对方觉得你做事拖拉,缺乏素养。

4. 避免做电话机器,声音清晰自然

(1)力求避免机械化应答。这就要求打电话者在拿起电话机前,要用你自己的声调表达出微笑和友好的态度,你的声音要时刻充满笑意,比平时自己高兴时还要多的笑意。

(2)注意语调与语速,在电话里语速要适中,音量也适中。此外,嘴要正对着话筒,一个字一个字地说,咬字要清楚。特别是在说到数目、时间、日期、地点等数字内容时,一定要和对方确认好。

5. 表现文明

(1)用语文明

①在对方拿起电话的时候,首先要向接电话的人热情地问:"您好!"然后再谈

其他,不能一上来就"喂"。在终止通话前,要与对方说"再见"。如果少了这句礼貌用语,就会让人感觉通话终止得有些突然,让人难以接受。

②在问候对方后,要自报家门,以便让接电话的人明白是谁打来的电话。

(2)举止文明

①在打电话时,要站好或坐端正,举止要得体。不可以坐在桌角上或椅背上,也不要趴着、仰着、斜靠着或者双腿高架着。用电话时要轻拿轻放。

②在与对方通话的时候,不要音量过高,免得让接电话的人耳朵难以承受。标准的做法为:使话筒和嘴保持3厘米的距离,而且说话以正常、适中的音量就可以了。

③不管在什么样的情况下,都不要在通话的时候将话筒夹在脖子下,或抱着电话机随意走动。拨号的时候,不要以笔代手。也不可以边打电话边吃东西或喝水。

(3)态度文明、热情礼貌

在通话过程中,要有我的表现"代表我(或单位)形象"的意识,热情、周到、礼貌,让对方感觉到他是受欢迎的,这样对方才愿意和你(或单位)沟通。

①打电话时,不要有厉声呵斥和态度粗暴等无理表现,也不要有阿谀奉承、低三下四的态度。

②如果电话打过去后,恰好要找的人不在,或需要接听电话的人代找,或有代为转告、留言的话,态度同样要文明而有礼貌。

③尽量使用礼貌用语,并且还要加上一声"谢谢"。另外,"请""麻烦""劳驾"之类的词,也要经常挂在嘴边。

④在与他人通话时,如果电话忽然中断,就需要由打电话的人立即再拨过去,并说明通话中断可能是由线路故障所致。不能不了了之,或干等接电话的人打过来。

⑤打电话时,如果不小心拨错了号码,要对接听的人表示歉意,绝不能一言不发,悄悄挂断了事。

【案例】

一通失礼的电话

小黄在上午10点钟给新疆的一个客户打电话。

"喂,是王总吗?"

"你是谁?"

"我是杭州四季青服装贸易公司经理办公室的秘书。"

"对不起,我在吃早饭,你等一会再打过来好吗?"

"哦,好的。"

小黄就这样挂了电话,但并不知道对方觉得他很无礼。

问题:您觉得小黄无礼吗? 他哪里做得无礼呢?

二、接听电话礼仪

1. 及时接听,响铃不过三

(1)电话铃声一响起,就应立即放下手头的事去接听,响铃不起过三次。如有特殊原因,致使铃响许久后才接,要在和对方通话时向对方说明情况,表示歉意。正常情况下,不允许不接听来电,特别是"应约而来"的电话。

(2)亲自接听电话,通常不要让他人代劳,尤其是不要让小孩子代接。

2. 确认对方身份,应答得体

一般情况下,对方打来电话后都会主动介绍自己。如果对方打来电话,没有主动介绍自己或者自己没有听清楚,你就应该主动问:"请问您是哪位? 我能为您做什么? 您找哪位?"但是,人们习惯性的做法是,拿起电话听筒后便会向对方盘问:"喂! 哪位?"这让对方会感到陌生而且感情疏远,缺少人情味。接起电话,拿起听筒后应首先自我介绍:"你好! 我是某某某。"

3. 非常规电话的处理

如果接到打错的电话,不要发怒,更不能出口伤人,正确做法是简短地向对方说明情况后挂断电话。有时候接起电话,问候多声却听不见对方说话,同样要礼貌应对,恼怒地回应之后就"啪"的一声挂断电话的做法,将会有损公司形象。

4．分清主次

(1)接听电话要专心,与其他人交谈、边听电话边看文件、看电视都是很不礼貌的行为,吃东西更是失礼。

(2)如果在会见贵宾或会议期间接到电话,可向其表示歉意并说明不能立即通话的原因,并承诺稍后再联系。

(3)接听电话时如果有别的电话打进来,千万不要不理睬,因为很可能是急事。可请求正在通话的一方稍等片刻,并对其说明原因,然后立即去接另一个电话,问清情况后先请对方稍候,或晚会儿再打进来,之后再继续和前者通话。

(4)不能因为图清净就随便拔下电话线。

5．规范的代接电话

代别人接电话时,要特别注意讲话顺序,首先要礼貌地告诉对方,所找的人不在,然后才能问对方是何人,所为何事,但不要询问对方和所找的人的关系。

(1)尊重别人的隐私。

(2)记住准确要点。最好用笔记下对方要求转达的具体内容,如对方姓名、单位、电话、通话要点等,以免事后忘记。当对方讲完后,应再与其核对一遍,以避免不必要的遗漏。

(3)及时传达内容。代接电话时,先要问清楚对方要找谁,如果对方不愿回答自己是谁,也不要勉强。如果对方要找的人不在,要如实相告,然后再询问对方"有什么事情"。这两者不能颠倒先后次序。之后要在第一时间把对方想要传达的内容传达到位。不管出于什么原因,都不要把自己代人转达的内容,托他人转告。

6．结束通话

适时结束通话。一般应等打电话的一方提出结束通话的意向,然后双方明确地以"再见"作为结束语客气地道别,等对方挂断电话后,再轻轻挂上电话。

【案例】

态度冷淡,丢掉客户

某公司的业务主管打电话给甲公司,想要谈一笔大业务,但拿起电话却不小心口误说成了乙公司。甲公司的接话人一听要找的是自己的竞争对手,就没好气地说:"你打错了",然后"啪"的一声挂断了电话。

这位业务主管半天才回过神来,发现是自己口误了,但同时他也觉得十分不舒服。因为以前和这位接电话的员工联系过几次,对方说话都是温文尔雅的,但现在看来那些表面功夫都是装出来的。

于是,这位主管打消了和甲公司再打电话的念头,也不想再和这家公司合作了。

三、手机使用礼仪

手机作为日益普及的通信工具,其使用礼仪的不完善已经成为礼仪的最大威胁之一。人们在社交场所或工作场合放肆地使用手机,严重影响了他人,也影响到自身的形象。

(1)公共场合不可以旁若无人地使用手机,最好把手机关掉,特殊情况下可以调成静音或震动状态。在某些需要保持安静的场合,如电影院或是文艺演出场所,一定不能打电话,如果是急事不得不回电话,可以把手机调为静音,用发送手机短信的方式来与打电话者交流。

【案例】

静听

数年前,纽约电话公司碰上一个最不讲理的顾客。这顾客用最刻薄的字眼责骂接线员。后来他又指出,电话公司制造了假的账单,所以他拒绝付款。同时他要向报社投诉,还要向公众服务委员会提出申诉……这位客人,对电话公司有过多起投诉记录。

最后,电话公司派出一位最富有经验的调解员,去拜访这位不讲理的客人。这位调解员赶到后,静静听着,尽量让这位好争论的老先生发泄他的牢骚。这位电话公司调解员的回答,都是简短的"是,是",并且表示同情。

这位电话公司调解员来到我们讲习班上,说出了当时的情形:顾客继续不断地大声狂言。我静静听了差不多有3个小时。后来我又去他那里,继续听他没发完的牢骚。我前后拜访了他4次。在第4次拜访结束之前,我已成为他创立的一个组织的会员,他称之为"电话用户保障会";现在我还是这个组织里的会员,可是就我所知,除了这位老先生外,我是唯一的会员。

在这次访问中,我还是静静听着,我用同情的态度面对他所提出的每一点理由。他表示:电话公司里的人,从没有这样跟他说过话,而他对我的态度也渐渐地友善起来。我对他要求的事,在前三次会面中,没有提一个字,最后在第四次会面中,我完全解决了这桩案件。他把所有的账款都付清了,并且撤销了向公众服务委员会提出的申诉。

无疑,这位顾客表面上看来是为社会公义而战,保障公众的权益不受无理的剥削。可是,实际上他所要的是尊重,他想用挑剔抱怨去获得这种尊重。当他从电话公司代表身上获得这份尊重后,他就不再抱怨那些不切实际的委屈了。

讨论:如何弥补电话沟通中造成的误会?

(2)简明扼要,在双向收费的情况下,说话更要简洁明了。

(3)把手机放在合乎礼仪的常规位置。放手机最正规的位置是随身携带的公文包里,也可以放进上衣的内袋里。无论如何都不要随意拿在手里或挂在上衣口袋外。但是安全起见,不要将手机放在桌上。

(4)在特定场合(如会场、飞机上、加油站等)要关闭手机。

(5)手机短信的礼仪。公共场合和社交场合不时响起的手机短信声音,和这些场合响起的手机铃声一样失礼。同样地,我们需要把手机设为震动或是关机状态。要坚决杜绝一边和别人交谈,一边低头查看短信的举止,这是对对方的极大不尊重。

(6)先拨客户的固定电话,找不到时再拨手机。

(7)办公室内或公众场合,手机铃声设定不能过于怪异,以免让他人产生不良印象。

(8)在嘈杂环境中,听不清楚对方声音时要说明,并让对方过一会儿再打过来或自己打过去。

【案例】

把个人情绪带入工作的代价

小黄早上出门因为跟老公争吵了几句,心里一直不舒服,到了单位同事与她打招呼,她也爱答不理。上午十点钟电话响起,对方接通电话就一阵吼叫,说要投诉小黄部门处理事情不及时,耽误对方工作,其中还夹杂了许多脏话。开始小黄还能心平气和地回答,但早上一肚子气还没消掉,说了几句后小黄就忍不住开始与对方开战,互相谩骂,声音一浪高过一浪,结果对方看小黄态度不好,直接挂掉电话,打了市长热线,事情的结果就是小黄因为态度不好,与客人发生冲突,一个月奖金被全部扣掉。事后小黄很后悔,可是天下没有后悔药啊!

提问:小黄在整个接电话过程中触碰到哪些禁忌了呢?

四、电话礼仪训练

1. 活动程序

以两人为一组,然后设定不同场景(如拨打电话、接电话、转接电话、电话留言等),由学员进现场模拟演示。

2. 活动内容

(1)模拟房屋中介电话劝你买房子。

(2)模拟保险营销员电话推销保险。

(3)模拟打错电话且说话不清楚的老人。

(4)模拟办公时间女友打来电话。

(5)模拟有电话找你的同事,而同事不在座位上。

(6)模拟上司喝醉酒给你打来电话。

(7)模拟跟客户打电话打到一半时手机没电了。

(8)模拟你正在电话里和一个客户谈生意,另一部电话突然响起。

3. 时间

每组情境模拟控制在5分钟以内。

4. 讨论和总结

本训练的关键目的在于使同学们懂得在接到一些意料之外的来电时,如何保持电话通话的礼仪。通过本训练,同学们将了解到使用怎样的语言很关键,这直接影响着一个人(或公司)的声誉,是一门艺术。

【案例】

郑渊洁狠心"封杀"手机

2009年3月16日,郑渊洁写了一篇博客,决定从此告别手机。

郑渊洁称第一次拥有手机是1994年4月,一开始很喜欢,可随着时间的推移,他对手机有了意见:"拿着手机像是戴着铃铛的狗,跑到哪儿都能被人找到。有时我刚产生灵感,突然手机响了,灵感顿时灰飞烟灭。"

有一次,他给央视少儿节目主持人"金龟子"刘纯燕打电话,听到一段录音:"您拨叫的用户使用了先进的通信技术,请您面对东南方向站好,并且一直保持这种姿势,直到接通为止。"郑渊洁立刻面对东南方向站定,家人得知后笑得前仰后合,他方知那是搞笑彩铃。

第六节　邮件礼仪

电子邮件是指通过一定的通信网络(因特网、局域网)在两台或两台以上计算机或终端之间进行电子文本信息传输与交换的一种技术,是一种新颖的现代通信方式。

电子邮件发送快速,不受时空限制,通常在数秒钟内即可送达全球任意位置的收件人信箱中;费用低廉,用户花费极少的费用就可以将重要的信息发送到远在地球另一端的用户手中了;即写即发,用户不必再烦琐地贴邮票、跑邮局,实现了写信、发信及信封、信件一体化,省时省力。电子邮件以其快速、便捷的优势受到人们的欢迎,成为个人交际和公务沟通的重要工具。

一、电子邮件的特点

(1)行文简约化。双方看重的是文本的内容,甚至只是附件的内容。

(2)信息多样化。电子邮件发送的信件内容除普通文字内容外,还可以插入图片、声音、动画等各种信息,使沟通更直观和形象。

(3)内容个性化。电子邮件的文本写作完全自由,可以写长篇大论,也可以只写寥寥数语;可以使用正式的书面语,也可以使用很随便的口语。

【小故事】

很多邮件是没有必要的

20世纪90年代的英特尔公司,在8.8万名雇员中进行的调查显示,平均每位雇员每天收到200封新邮件,30%的邮件被认为是没有必要的。面对这么多邮件,雇员一般每天需要花3个小时来处理。

因此,在发送每一封邮件之前,我们都应该问问自己:这封邮件有必要发吗?这封邮件的主题突出吗?

【小知识】

不要大声喊叫

在英文邮件中,如果信件的内容都用大写字母写的话,会被认为是"网络中的大喊大叫",是不礼貌的。

二、电子邮件礼仪

电子邮件(E-mail)作为一种方便快捷、经济高效的书面交流方式,已经被广泛地应用。为提高交流效果,在收发电子邮件时要注意以下四个方面。

1. 格式合乎要求

(1)电子邮件的格式与平常书信一样,称呼、敬语不可少。称呼用敬称,在第一行顶格写。

(2)正文从第二行开始,先问候对方,再说明自己的意图,内容要简洁明了。

（3）结束时要有敬语、落款,时间可用"月/日/年"的格式。格式上要整齐、美观,表明你对阅信人的尊重。

2. 核查内容

由于电子邮件的准备时间较短,在发信前通常要仔细检查一下信件的内容,避免由于键盘输入的错误使语句不通或是发生歧义。如果你愿意与对方有进一步的交流,最好把自己的其他联系方式在邮件中告诉对方。

3. 主题明确

电子邮件必须有标题,让收信人一看就知道来信的主旨。同时一封电子邮件一般只涉及一个问题,如果还有别的问题,可以一次发两封邮件,便于收信人转发。

4. 及时回复

（1）收到来信时应该尽快答复,最好在24小时之内。

（2）如果来不及答复,可以先告诉对方你已收到来信,稍后再予以答复,也可以使用计算机的"自动回复"功能。当然为了及时回复,最好每天至少登录邮箱查看一次。

（3）如果你需要对方迅速回信,那么要在信中注明,但要注意使用委婉的语气。

【案例】

粗糙的回复

丽贝卡刚进一家专业人员协会工作,因为没有会员主管,她就直接给协会主席发了一封邮件,询问如何能联络到她最近认识的某一个会员。3天过去了,她还没有收到主席的回复。考虑到第一封邮件可能在网络传递中出现问题,她再次给主席发了一封邮件。

协会主席终于回复了她的邮件,不过邮件内容只有那个协会会员的电子邮件地址,而丽贝卡本来期待的是更诚恳、更丰富一些的内容。因为协会主席的邮件如此生硬,反而显得丽贝卡有些冒昧和无礼。

第七节　面试礼仪

一、面试的含义及目的

面试是由用人单位精心策划的,通过书面或面谈的形式来考察求职者是否具有工作能力的招聘活动,是通过考试人员与应聘者直接交谈或者置应聘者于某种特定情况中进行观察,从而完成对其在素质能力等方面的评价的一种考试方式。

面试的目的主要在于:

(1)考察应聘者的动机与工作期望。

(2)考察应聘者仪表、性格、知识、能力、经验等情况。

(3)考核笔试中难以获得的信息。

二、面试的形式

1. 问题式

面试者根据事先拟订的面试提纲对求职者进行提问,并请予回答。一般由5～7名人员组成面试委员会,对一名应聘者就个人的经历、求职动机、计划、兴趣等一系列问题连续发问,以测试其口头表达能力、应变能力等。其目的在于观察应聘者在特殊环境中的表现,考核其背景知识与业务能力,判断其分析问题、解决问题的能力,从而获得有关求职者的第一手资料。

2. 压力式

压力面试(stress interview)是指有意制造紧张气氛,以了解求职者会如何面对工作压力。面试人通过提出生硬的、不礼貌的问题故意使应聘者感到不舒服,针对某一事项或问题进行一连串的发问,一直问到对方无法回答。其目的是确定应聘者对压力的承受能力、对压力的应变能力和人际关系能力。压力的形式有环境压力、言行压力、方式压力、内容压力、节奏压力、形式压力、僵局压力等。

3. 随意式

招聘者与应聘者漫无目的地进行交谈,气氛轻松活跃、无拘无束,招聘者与应聘者自由发表言论,各抒己见。此方式的目的为:于闲聊中观察应聘者谈吐、举止、知识、能力、气质和风度,对其做全方位的综合素质考察。

4. 情景式

招聘者事先设定一个情景,提出一个问题或一项计划,请应聘者进入角色模拟完成,其目的在于考核应聘者分析问题、解决问题的能力。

5. 综合式

招聘者通过多种方式考察应聘者的综合能力和素质,如用外语与其交谈,要求即时写作文,或即兴发表演讲,甚至操作一下计算机等,以考查其外语水平、文字能力、书法及口头表达等各方面的能力。

【案例】

一次"魔鬼面试"

大专毕业生杨光曾经遭遇过一次国内的"魔鬼面试"。一家全国连锁的电器大卖场通知他去参加面试,他到了现场却不见通常的面试场景,人力资源部经理将十来个应聘者一起领到卖场大门口的马路上,竟然让他们站在街上对来往行人说"您好"并鞠躬。大家面面相觑,不知道是怎么回事。杨光有些纳闷,不安地开始了问好。当他拦住过往的行人,对他们面带微笑地说"您好"时,觉得十分难为情,当他鞠躬时,甚至有种被羞辱的感觉,只是强忍住了动怒的冲动。几天过后,当他打电话去询问面试结果时,用人单位告诉他,他对人不够热情,不适合做这份工作。杨光憋了一肚子气,觉得自己被"耍了"。

思考:杨光接受的是哪一种压力测试,测试的目的是什么?

三、面试注意事项

面试礼仪即面试过程中应该注意的礼仪。它包括服饰礼仪、见面礼仪、交谈礼仪等。

1. 服饰搭配得体

服装及饰品是应聘者留给面试考官的第一印象,得体的穿着打扮能为应聘者加分,也使应聘者更加自信,在面试中发挥得更好。

(1)女士服装搭配

①面试时服装以职业套装为主,职业套装分为裤装和裙装。裤装通常分为直筒裤和铅笔裤两种,裙装通常分为A字裙和包裙(直筒裙)两种,给人稳重、自信、大方、干练、值得信赖的印象。

②裙子长度应在膝盖上下10厘米左右位置,不能过长也不能过短,过长行走不方便,过短容易走光,有失庄重。

③面试服装颜色应以深色系为主,如黑色、藏青、灰色等,这样显得庄重、简单、干练。内搭的衬衫以白色为主,搭配自然更加协调。

④相对于平跟鞋来说,高跟皮鞋充满职业女性的气质,很适合在求职面试时穿着。如穿中、高帮靴子,裙摆下沿应盖住靴口,以保持形体垂直线条的流畅。

⑤着裙装应该穿肉色丝袜,丝袜不能厚重,这样才能更加雅致。不能穿黑色丝袜。

⑥面试时可穿工装鞋搭配职业装,工装鞋以黑色为主,不能有任何装饰,鞋跟以3~5厘米为宜,不能是粗跟鞋和松糕鞋,这样显得更专业和有仪式感。不要穿露出脚趾的凉鞋或光脚穿凉鞋。

⑦可以适当地化点淡妆,但切勿浓妆艳抹,切勿与初试形象或者大学生的形象身份不符。

⑧发型不论长短,一定要洗得干净、梳得整齐。可以适当地搭配一些饰品,但要少而精,避免佩戴过多、过于夸张或有碍工作的饰品。如果盘头,头上不能有超过4个发卡,以免给考官留下不成熟的印象。

⑨皮包可以大大方方地背在肩上,不要过于精美、太珠光宝气,但也不要太破旧或有污点。

女士穿着禁忌:T恤衫、超短裙、牛仔裤、紧身裤、宽松服、高跟拖鞋等,不适宜于出现在面试场合。吊带裙、人字拖不适合出现在面试现场。

(2)男士服装搭配

①面试时必须穿西装、打领带。西装的颜色以深色系为宜,以黑色、藏青、深灰为主,里面的衬衫以白色为宜。西装与衬衫、领带搭配,颜色不能超过3种。不要使用领带夹,因为使用领带夹只是亚洲少数国家的习惯,具有很强的地区色彩,

并非国际通行的惯例。

②领带的长短,一是与皮带宽度一致,二是以皮带宽度中间位置为宜。

③裤子不要太窄,要保留有一定的宽松度,也不要太短,以恰好可以盖住皮鞋的鞋面为好。

④配饰遵守三色定律:鞋子、腰带、手包一个颜色,皮带头不宜过大、过亮,也不要有很多的花纹和图案。这样显得面试者更重视这场面试。

⑤西装以一粒扣和两粒扣为宜,这样更庄重。

⑥袜子以深色系为宜,不要穿白色、红色、绿色及休闲袜。另外,也不应该穿透明的丝袜。袜子的长度可以到小腿肚,也可以到遮住脚踝处,但不能低于脚踝。

⑦穿正装皮鞋是黑色、系鞋带的皮鞋,应注意经常擦鞋,保持鞋面的清洁光亮。另外还需要注意的是,千万不要把新皮鞋留到面试那天才穿,因为新皮鞋第一次穿可能会不合脚。

男士面试着装禁忌:千万不要穿背带裤,年轻人穿背带裤是很幼稚、高傲的表现。运动裤、牛仔裤无论是什么品牌的,都不是正装,不适宜在面试的时候穿着。

【案例】

时尚打扮带来的缺失

陈英去面试某公司的公关人员。为体现现代气息和青春活力,她特地穿上一条时尚的牛仔裤和一双运动鞋。面试官的头一个问题就是问她为何是这身打扮,陈英充满自信地说:"我这个打扮是为了体现青春活力,这正是公关所需要的气质。"面试官听后脸上充满诧异,最终,他们没有录用陈英。

2. 准时赴约

守时是现代交际时效观的一种重要原则,是作为一个社会人要遵守的最起码的礼仪。守时也是基本的职业道德。

(1)提前10～15分钟到达面试地点效果最佳,可熟悉一下环境,稳定一下心神。

(2)如果路程较远,宁可早到30分钟,甚至1个小时。早到后不宜提早进入办公室,最好不要提前10分钟以上出现在面谈地点,否则面试考官很可能因为手头的事情没处理完而觉得很不方便。

（3）招聘人员是允许迟到的，这一点一定要清楚，如果招聘人员迟到，千万不要太介意，也不要太介意面试人员的礼仪、素养。如果他们有不妥之处，应尽量表现得大度、开朗一些。

3. 保持良好形象

（1）到了办公区，最好径直走到面试场所，而不要四处张望，甚至被保安盯上。

（2）走进公司之前，要把口香糖和香烟都收起来，因为大多数的面试官都无法忍受面试者在公司嚼口香糖或吸烟；手机应调为振动或静音状态，避免面试时造成尴尬局面，同时也会分散你的精力，影响你的表现。

（3）一进面试单位，若有前台工作人员，则应开门见山地说明来意，并到指定区域等候；若无前台，则找工作人员求助。

（4）注意用语文明，开始的"你好"和询问后的"谢谢"是必说的，这代表着你的教养。

（5）一些小企业没有等候室，就在面试办公室的门外等候；当办公室门打开时，应有礼貌地说声："打扰了。"然后向室内考官表明自己是来面试的，绝不可贸然闯入。

（6）假如有工作人员告诉你面试地点及时间，应当表示感谢。

（7）不要询问单位情况或向其索要材料。

（8）不要驻足观看其他工作人员的工作，或在落座后对工作人员所讨论的事情或接听的电话发表意见或评论，以免给人肤浅、嘴快的印象。

（9）到达面试地点后应耐心等候，并保持安静及端正的坐姿。

（10）不要来回走动，显得浮躁不安。

（11）不要结伴前往面试，即使公司要招聘多人。不要与别的面试者聊天，因为这可能是你未来的同事，甚至决定你能否入职的人，你的谈话对周围的影响是你难以把握的，这也许会导致你应聘的失败。

（12）即使在接待室恰巧遇到朋友或熟人，也不能旁若无人地大声说笑或吃口香糖、抽香烟、接电话等。

【案例】

小张的"冒昧"

一家跨国大公司招聘,因待遇优厚、前景颇佳,应聘者非常多。小张刚毕业不久,工作经验不多,学历也不高,但他还是经过了充分准备前去应聘。初试过后,他如愿接到了复试的通知。复试那天他才知道,3个名额有50多人参与竞争,而且应聘人员多是名校或高学历的精英。

参加复试的人员陆续到齐了,却无人接待,约定时间过了足有半小时,女秘书才告知面试者,复试时间因故推迟,但没有说推迟多久。大家面面相觑,只好耐心等待。又过了两个小时,秘书小姐进进出出地忙碌,却没有理会这些应聘者。眼看着快到中午了还是没有任何说法,小张有些气愤,心想大公司也不能这么不尊重人啊。于是,他不顾其他应聘者的劝告,走过去敲了挂着"复试"牌子的房门,里面很快有人应答。

他走进去发现里面的考官全都正襟危坐,显然已经准备好了,他礼貌地打招呼后,询问什么时候可以开始复试,考官回复说马上开始。轮到他复试时考官没有问专业知识,而是问为什么不像其他应聘者那样耐心等待。他犹豫了一下,还是直接说出了自己的想法:"我认为你们今天的做法不够妥当,临时有事更改时间可以理解,但既不告诉我们具体的时间,也无人理会我们,不合适。时间对任何人都是宝贵的,你们没有理由如此浪费我们的时间。如果这是贵公司对人对事的一贯态度,我会对贵公司失去兴趣。"他本以为考官会勃然大怒,没想到考官们互相看了看,竟然轻松地笑了,并当场宣布他被聘用了。

后来他才知道,那天的事情是公司故意安排的,他们想看看是否有人敢于反驳这种明显的轻慢,因为一个懂得尊重自己的人才会尊重他人,才不会在以后的工作中因为身处大公司而慢待客户,凌驾于客户的人格之上。互相尊重,宽容有节,不轻视他人也不容他人轻视,才是职场的"王道"。

思考:怎样理解"互相尊重,宽容有节是职场的王道"这句话?

4. 面试中的基本礼仪

（1）入座礼仪

进入面试办公室时，必须先敲门再进入，等面试官示意后方可入座，表现要自然、大方、得体，如果对方让座，面试人员不要推来推去，这样反而显得做作，效果也会适得其反。

（2）自我介绍礼仪

当面试官要求做自我介绍时，面试人员的信息已经写在简历上，所以面试人员不要长篇大论，只需要简明扼要讲重点即可。自我介绍力求真诚，不要过分渲染，以免弄巧成拙，面试时的自我介绍尤其重要，是表现自我的关键时刻，语气、语调、语速、肢体语言都非常重要，所以请面试人员一定要把握好这个绝佳的机会。

（3）交谈礼仪

面试交谈就是与面试官交流和回答问题的过程，交谈礼仪是面试的核心。第一，要讲大家都能听得懂的普通话，发音要标准，口齿要清楚。第二，讲话要简明扼要，言简意赅，不要用太多修饰词和华丽的辞藻。免得面试官认为你用词不当，逻辑混乱。语言不能过于犀利，显得张狂。第三，交谈中要有礼貌，不要随意打断面试官，要注意倾听，善听者即善言者，要听出话外之音，还能听出话中有话。从而正确理解面试官的意思。

（4）告别礼仪

当面试负责人示意面试结束时，面试者应该微笑起立，先感谢用人单位给予自己面试机会，然后说声"再见"后再鞠躬离开。如果之前面试时有人接待你，那也要一一致谢告辞，方显尊重。

【案例】

爱因斯坦的求职之路

爱因斯坦大学毕业后半年多过去了，工作毫无着落，他几乎跌到了人生的谷底。绝望之余，他想到德国伟大的化学家"科学伯乐"奥斯特瓦尔德。于是他就给奥斯特瓦尔德写了一封信，但没有收到回信，几天后，他又给奥斯特瓦尔德寄了一张明信片，在明信片上说上次写信可能忘了写回信地址，因此这次是特意告诉他地址的。可奥斯特瓦尔德仍然没有回信。

爱因斯坦的父亲深深同情儿子的处境,洞察到失望的情绪刺伤了儿子的自尊心。虽然他贫困交加,但出于深沉的父爱,他多么想能够帮儿子一把。于是他在爱因斯坦给奥斯特瓦尔德发出第二封信后的第十天,也提笔给奥斯特瓦尔德写了一封信。

亲爱的教授:

请原谅我是这样的一个父亲,为了儿子的前途竟贸然给您写信……

我儿子因为日前的失业极为不安,而且时间越长,他就越认为自己没用;更严重的是由于我不富裕,他更认为自己是家庭的一个负担。由于我的儿子尊崇您是当代最伟大的科学家,我才敢于请求您读一读他的论文,并请求您写几个字鼓励他一下,以使他恢复对工作及生活的信心。如果您有可能替他谋得一个助教的职位,我将感恩不已。我再次请求您原谅我的冒昧,而且希望您不要让我儿子知道我给您写了信。

但不知是奥斯特瓦尔德没收到这封信,还是看了仍然不为所动,爱因斯坦没有收到任何回信,更不用说什么鼓励和帮助了。

天无绝人之路。1901年4月,爱因斯坦的大学同学格罗斯曼给爱因斯坦寄来一封信,信中说,瑞士伯尔尼专利局准备设立一个专门审查各种新发明的技术职位,格罗斯曼说他父亲乐于推荐爱因斯坦就任此职。

一年之后,爱因斯坦终于正式到专利局上班,他终于在23岁时摆脱了可怕的失业阴影。为此爱因斯坦一生都念念不忘这位同学的帮助。他多次说:"这是格罗斯曼为一个朋友所做的最伟大的一件事。"

5. 面试时的禁忌

参加面试的所有人员,不管你是大学生初次面试还是职场人再次求职,都要摆正位置,用"空杯心态"去迎接面试。作为面试者需注意避免以下问题:

(1)孤芳自赏、态度冷漠

面试者性格有差异,有的在生活中就很内向,不爱说话,比较孤僻,甚至还有点冷漠,固有模式会把这些情绪带进面试中,如果面试者是这样的性格,请记得在面试中及时调整自己的情绪,对面试官表现出积极热情的态度,这样才能营造一个轻松愉快的环境,令面试获得成功。

(2)目中无人,盛气凌人

很多面试者在笔试时成绩名列前茅,自身条件比较优越,于是就有恃无恐,目中无人,面试时也咄咄逼人,态度傲慢。表现在:第一,当面试官对自己回答问题不满意或者有不同意见时,面试者会强词夺理,拼命狡辩,不肯放下自己的观点;第二,面试者试图先声夺人,试图反问与面试无关的一些问题;第三,面试官问到之前的单位如何时,面试者会贬低原单位,肆意抹黑原单位的形象,这样会让面试官觉得面试者随便议论别人,人品值得怀疑,不利于面试通过。

(3)不适宜的小动作

在面试时有些面试者有很多小动作,比如:挖鼻孔、掏耳朵、挤眉弄眼、打喷嚏、抓头发、挠痒痒、打哈欠、嚼口香糖和清嗓子等行为。这些小动作都是为了掩饰内心的紧张和不安,会使面试者的形象大打折扣,从而无法获得面试的成功,所以面试者应避免此种举动。

【案例】

阿华的成功经历

阿华应聘部门经理的成功经历,很是耐人寻味。

招聘启事见报后,一连数日,应聘者都把招聘单位人事部的门口堵得水泄不通。他们大多是有着较高的学历和轻松的工作,但面对这个薪水丰厚的部门经理的职位,还是想"蓄谋"跳槽的。然而,当他们走进招聘办公室时,却看见考官身后的墙壁上贴着一张"告示",上面写着:"为了节约面试时间,您务必在进来5分钟之后自觉退到室外。请您合理支配时间!"

许多应聘者一进屋便抓住有限的时间,向考官滔滔不绝地介绍自己的经历和经验,即使考官的办公电话响起,也不愿中断。直到考官拿起电话,他们的介绍才被迫尴尬地中止。5分钟到了,有些应聘者认为面试被考官接电话占去了大半时间,而恳求考官再宽限一会,但是,他们同样被考官要求退到门外。走到门外的应聘者,纷纷抱怨考官的不仁和刻板。

轮到阿华面试时,谈话进行了没几句,考官办公桌上的电话便又响起来了。阿华心想,与电话相比,面试是次要的。于是他便浅浅一笑,在铃声响过两遍后拿起电话递给了考官。就在这时,这位面若冰霜的考官突然露出了难得的微笑:"恭喜你,你被录取了!"

后来,阿华与那位考官在工作中成了好友。他带着当初的不解问:"当时为什么录取我,而不是别人?""还记得面试中的那个电话吗?那是我们故意给每个应聘者安排的现场测试。能够主动中止面试而不影响我接电话的人,肯定是一位深谙商务礼仪、宽宏大度、顾全大局的人。其实对于那次我们招聘的岗位来说,考验应聘者不需要太多的时间,几秒钟足矣!"

有时,人们把机会看得很重,又往往把机会的得失寄托在时间等客观因素上,殊不知,真正考验人的不是时间,而是人们面对机会时表现出的素养和态度。

6. 面试后的礼仪

很多面试者以为面试完一切就结束了,其实面试后的礼仪是应该引起我们重视的关键点,因为这样有利于给面试单位加深印象,从而提升面试通过率。

(1)真诚感谢

面试者如果想让面试官对你的印象更深刻,增加求职成功率,面试后两天左右,可以致电或写感谢信给面试官,致电时简明扼要,时间不要超过3分钟;写感谢信则不要超过一页,感谢信需要有称呼、敬语,还要表达对面试单位的兴趣和赞美,以及你对这份工作的信心。面试后的感谢非常重要,它是我们面试过程的附加项,可以弥补面试时的缺陷和漏洞,从而让面试官另眼相看,使面试事半功倍。

(2)切忌过早打探面试结果

面试结束后面试官都会与人事部门一起讨论,并提交主管审核,过程一般在3~5天,所以面试者不要急于求成,过早打探结果,以安心等待为宜。

(3)查询结果

面试结束后一般面试官都会说什么时候公布面试结果,那么面试者可以在面试官通知时间到来之际打电话查询结果,打电话时应有礼貌,不官面试结果如何都要谦逊、合乎时宜,从头到尾展现自己的高素质、高涵养。

【案例】

松下幸之助求职

　　日本松下公司的创始人松下幸之助,年轻的时候来到一家著名的电器公司,找到该公司人事部主管,请求他给自己安排一个哪怕是工作条件最差、工资最低的活儿。主管见松下幸之助个头瘦小又衣着不整,不便直说,就随便找了个理由,说:"现在我们不缺人,你过一个月再来看看吧。"人家本来是随口一说,没想到一个月后,松下幸之助真的来了。那位人事部主管又找借口说,这几天有事,没时间接待他。过了几天,松下幸之助又来了。那位主管有点不耐烦了,忍不住说道:"你这种脏兮兮的样子,根本进不了我们公司。"

　　松下幸之助回去后,借钱买了套新衣服,穿戴整齐后又来了。这位主管一看,又难为他说:"我们是搞电器的,从你的简历来看,你对电器方面的知识了解得太少,我们还是不能录用你。"

　　两个月之后,松下幸之助又来了,说:"我已经下功夫学了不少电器方面的知识,您看哪个方面还有差距,我再一项一项来弥补。"这位人事部主管盯着他看了半天,感慨地说:"我干这项工作几十年了,头一次见到这样来找工作的求职者,我真佩服你的这种耐心和韧劲儿。"就这样,松下幸之助终于打动了主管,如愿以偿地进了这家公司。

第六章　高校仪式活动和仪式礼仪

第一节　高校仪式活动

一、高校仪式活动的概念及内涵

在中国,仪式活动以"制度礼仪"或"礼"的概念被反复论述,中国也因此被称为"礼仪之邦"。早在春秋时期孔子就全面阐释了"礼"的思想。《论语·为政》说,"道之以政,齐之以刑,民免而无耻;道之以德,齐之以礼,有耻且格",指出"礼"是治国安邦的正道;《论语·尧曰》说"不知礼,无以立也",指出"礼"是日常生活的规范。在五千年的中华文明史中,儒家的"礼"形成了一整套文化规范,并将这套规范以各种仪式浸润于中国社会的各个领域。

中国历史上为各种节日和重大事件而设计的仪式,充分起到了凝聚人心、汇集人气、传承文化的重要作用。再观西方,仪式行为也体现在各类重大事件之中。作为西方现代文明象征的奥运会,其起源是古希腊人为祭祀宙斯神举行的体育竞技方面的仪式活动。社会学家劳埃德·沃纳曾指出,"人的一生是由一些重要的过渡时刻标志出来的""公开地使用一些适当的礼仪把这些时刻标志出来,以便给个人和团体留下深刻的印象"。这也表明,仪式活动标志着时间及文化价值的延续。

从东西方对仪式活动的高度重视可以看出,仪式活动是社会教育的重要载体,具有承载重要价值追求、表达宏大形式和产生重大影响的作用。对于教书育人的高校来说,仪式活动教化育人、培育集体观念的内涵则更为突出。

高校仪式活动起到了提高大学生综合素质、促进学生全面发展的作用。表彰大会、校庆典礼等校园常见的仪式活动中,大学生既是活动的参与者,又是仪式的教育对象,通过参与这样的仪式活动,大学生在思想道德、文化素养、组织协调、沟通表达等多方面得到了锻炼和提升。

高校仪式活动承担着传递价值观念、强化集体认同的功能期待。新生入学的开学典礼上,高校往往会设计一套复杂的仪式流程,包括朗诵、宣誓、佩戴校徽等,用具有冲击力、感染力的仪式活动,凝聚师生情感。

高校仪式活动具有呼应时代主题、传承大学精神的重要功能。国外一流高校都非常重视校园典礼活动的举行。包括哈佛、耶鲁、牛津、剑桥等在内的著名大学,每年都会举行隆重的毕业典礼,遍邀著名校友和各界名流,还特意邀请包括毕业生父母在内的亲友团参加,充分发挥典礼的育人作用。

二、高校仪式活动的现状

礼仪作为一种律己、敬人的行为规范,是中华民族历史发展中积淀而成的传统美德,是人们在生活实践中传承和发展的社会文明。遵从礼仪规范,以礼处世、以礼待人是一个社会公民的基本道德素质,也是一个社会公民个体的思想觉悟、道德修养和文化教养水平的综合表现。习近平总书记在党的十九大报告中指出,"中国特色社会主义进入了新时代。过去五年来的成就是全方位的、开创性的,但是也还存在一些不足,其中之一就是'社会文明水平尚需提高'"。面对挑战,党的十九大报告明确了我们在全面建成小康社会进程中的努力方向,"要提高人民思想觉悟、道德水准、文明素养,提高全社会文明程度"。当代校园内的年轻大学生,不仅是实现中华民族伟大复兴历史进程的亲历者,更是新时代新征程的开创者,从时代视角、成长特征和教育条件上看,大学教育牵头先行,然后再向社会各领域持续推进,进一步稳步规划全社会的崇德尚礼素质教育,势必有助于中华文明再次崛起,并立于世界文明之巅。

大学生自入学以来,便会接触各项仪式活动。小到运动会的颁奖典礼、班级团支部的竞选仪式,大到新生入学时期的开学典礼、军训,以及毕业时的学位授予仪式,都是通俗定义中的仪式活动。同时随着我们国家参与国际事务日益增多,特别是北京奥运会、上海世界博览会等国际大型仪式活动的举办,为"讲礼仪、学礼仪、用礼仪"营造了良好的社会环境和文化氛围。但我们也发现,这样良好的文化氛围是短暂的,大型国际活动结束之后,讲礼仪、用礼仪的倡导便渐渐消失,多少有些临阵磨枪的意思,效果并不明显。

　　总体上看,仪式活动的普及推广仍存在薄弱环节,高校在其中仍可发挥更大的作用。首先是礼仪培养的特殊性。《荀子·劝学》中说:"不积跬步,无以至千里;不积小流,无以成江海。"礼仪培养过程是人们不断提升认知并进行自我实践的过程,要求从小事做起,从点滴入手,并持之以恒、逐渐完善,所以礼仪活动的实践具有渐进性和持续性特征。其次得考虑面向对象及面向环境的复杂性。在应试教育强调分数第一的今天,社会各界甚至家庭、学生本人对文明素养的重视不足是现实情况。这也导致了礼仪方面相关专业知识的缺失,仪式活动的策划及举办不专业,流于表面形式的效果和影响。培养并建立一支掌握仪式活动流程,具有专业的仪式活动服务功能的礼仪队伍,对在高校推广及加强仪式活动、仪式礼仪具有重要的作用。

三、高校仪式活动的教育意义

　　高校仪式活动是高校思想政治教育的有效途径之一,传达着校园文化的精神内涵,是高校学校生活中的特殊事件,具有非功利性和形式化等特点。

　　高校仪式教育可以激发价值认同,正确引导价值方向。大学生处于特殊的成长阶段,个性需求与归属需求共存,世界观、人生观、价值观尚在发展塑造过程之中。仪式活动是高校校园文化的一种存在形式,在强调规范与秩序的同时向学生传递学校的精神理念与价值观,可以激发他们的价值认同,从而引导他们价值观念的发展方向。社会学层面,仪式被分为"强化仪式"和"生命仪式"两种,表彰会、纪念活动等属于前者,指某一社会群体在某一特定时间点举办的目的性仪式;而开学典礼、毕业典礼等活动属于后者,是在学生个体成长发展过程中的特定阶段开展的活动。两者均是学校引导塑造个体正确价值观的手段和方式,尤其是通过强化性仪式赋予的思想教育,能够帮助学生树立积极向上、团结向善的价值观念。

　　高校仪式教育可以彰显集体意志,增强师生的团队凝聚力。著名社会学家涂尔干曾指出,仪式教育的主要目的是"确保集体仪式的可持续性","确认自己与他人共同处于一个群体中,同时时刻保持并能够唤醒人集体高于个人的意识"。高校仪式教育活动大多以集体参与的形式开展,以共同价值标准为基础,培养师生的团队意志,从而增强团队的凝聚力。仪式让每个人都能意识到自己是团队的一员,培养高度的责任感和荣誉感,以集体的发展审视个人的言行,以集体的利益衡量个人的得失。如开学典礼和毕业典礼,通过对学校的介绍和宣传学生在校点滴生活回忆等形式传递共生情感,可以增强学生的爱校情结;升旗仪式通过齐唱国歌、观看升旗全过程、国旗下演讲等形式,向参加者传达爱国情感,增强其爱国之情。

高校仪式教育可以激发情感共鸣,构建师生的精神家园。高校仪式教育具有情境性特征,能够把参与者带到特定的情境中,同时根据参与者的心理发展特点引导其思维及情感的正向发展和共鸣。例如毕业典礼上毕业生用演讲回顾大学四年生活及憧憬美好未来,运动会开幕式上学生用激昂亢奋的口号宣誓等,都是通过创造富有感情色彩的情境和一定氛围的心理境遇,用形象直观的方式,将要传达的教育内容融入学生可以感知并想象的情境中,全面调动参与者的认知和思维,进而激发他们对教育内容的情感共鸣。另外,高校仪式教育所设定的情境具有一定的情感基调,可以让参与者受到道德情感的熏陶,有力引导并改变参与者的思维和行为。

第二节　高校常见的仪式礼仪

一、高校常见的仪式活动分类

参考社会学的分类方法,可以将当前高校常见的仪式礼仪活动分为"强化仪式活动"和"生命仪式活动"两种。

1. 强化仪式活动

这类活动通常包括庆典活动、纪念仪式等,包括各类表彰大会、党团建设活动及特殊节日的庆祝或纪念活动。这类仪式活动通常仪式感和纪念意义较强,主要教育意义表现在加强思想教育和加深集体记忆、铭记历史等。同时,文体类和竞赛类的仪式活动在高校中也比较常见,例如运动会、十佳歌手比赛、辩论赛等。这类仪式活动通常受众较小,有针对性,主要教育作用体现为提高学生某方面的特长,以及结交志同道合的朋友。

2. 生命仪式活动

这是高校最为常见的仪式活动,通常需要学生群体全体参加,例如开学典礼、毕业典礼等。群体性仪式活动的对象通常为全体学生,因此也是最可以培养学生的集体荣誉感的仪式活动。

二、高校常见的仪式礼仪服务流程

1. 集体活动类仪式

活动开始前,礼仪人员需要做好会场入口处的迎宾及引领、贵宾室的接待工作。

活动时,如有领导讲话,需要台侧礼仪人员将领导引领至台上。若仪式非常隆重,常需要有礼仪人员站在台口。

活动结束时,需要回到门口做好离场引领工作。

2. 文体及竞赛类仪式活动

在这类仪式活动中,礼仪除了基本的迎宾、引领、恭送嘉宾离场等基本工作,还常需要进行颁奖等活动。颁奖礼通常礼仪较复杂,需要礼仪人员分别负责引导嘉宾、授奖人,以及送上奖状、奖杯等。颁奖仪式通常应包含如下5个基本的程序:①由导位人员把授奖人领上台。②礼仪人员用托盘托住奖品上台。③由导位人员再把颁奖人引导上台。④礼仪人员双手递承且鞠躬(向前微躬15度把物品递给颁奖人),让颁奖人接过奖杯证书。奖杯证书送出后,礼仪人员先下台。⑤拍照留念后,导位人员分别把颁奖人和授奖人引导回位。

颁奖仪式由于活动过程较为复杂,特殊情况较多,常见的有以下几种:

如果颁奖人在台上:①礼仪人员直接把奖状、奖杯用托盘托上台递给领导。②导位人员再把授奖人引导上台。③等颁奖人和授奖人拍照留念后,导位人员再把授奖人引导回位。

如果授奖人在台上:①由导位人员直接把颁奖人引导上台。②颁奖人和授奖人合照完后,导位人员分别把颁奖者和授奖者引导回位。

如果只有一位颁奖者:①先由导位人员把授奖者引导上台。②再由另一位导位人员把颁奖者引导上台。③礼仪人员随颁奖者身后上台。④礼仪人员把奖品递给颁奖者后马上离开(从授奖者身后离开)。⑤颁奖人和授奖人合照完后,导位人员分别把颁奖者和授奖者引导回位。

3. 特殊纪念性仪式活动

常见的礼仪服务活动场景包括开幕、闭幕、颁奖、捐赠、剪彩等,其中剪彩常见于开幕式活动上,颁奖、捐赠等场景又常出现于大型活动闭幕式上。

(1)开幕仪式

开幕仪式通常是指企业或各类商品博览会正式启动之前,以及大型赛事正式开始之前,所举行的较为正式的相关仪式。

在开幕仪式中常见的礼仪服务工作主要有以下几项:

①活动开始前,礼仪人员需要做好会场入口处的迎宾及引领、贵宾室的接待工作。

②活动时,如有领导讲话,需要台侧礼仪人员将领导引领至台上;如有揭幕或剪彩等相关仪式,礼仪人员需将所需道具送至台上,引导嘉宾领导完成仪式。

③活动结束时,礼仪人员需要回到门口做好离场引领工作。

(2)闭幕仪式

闭幕仪式通常是大型赛事、会议、展览会等结束时举行的正式仪式。相较于开幕式,闭幕式的气氛一般更加轻松活泼,通常会有节目表演的环节来助兴。与开幕式相同,礼仪人员也需要做好基本的迎宾、引领、恭送嘉宾离场等基本工作。如有出现颁奖、捐赠等仪式,礼仪人员需要做好相应的礼仪工作。

(3)剪彩仪式

剪彩仪式主要是由剪彩者与助剪者两种主要人员所构成。

剪彩者,即在剪彩仪式上持剪刀剪彩之人,一般由领导担任剪彩者。剪彩者可以是一个人,也可以是几个人,但是一般不应多于五人。若剪彩者仅为一人,剪彩时居中而立即可;若剪彩者不止一人,则同时上场剪彩时需要注意位次的尊卑。一般的规矩是居中者地位高于两侧,右侧高于左侧。

助剪者,指的是剪彩者剪彩的一系列过程中从旁为其提供帮助的人员,即礼仪人员。除基本的引导和接待工作外,礼仪人员中还需要有拉彩者、捧花者和托盘者。拉彩者的任务是在剪彩时展开、拉直红色缎带。捧花者的任务是在剪彩时手托花团。托盘者的任务则是为剪彩者提供剪刀、手套等剪彩用品。拉彩者通常应为两人。捧花者的人数则需要视花团的具体数目而定,一般应为一花一人。托盘者可以为一人,亦可以为每位剪彩者各配一人。

独立的剪彩仪式,通常应包含如下5个基本的程序:

①嘉宾入场。剪彩仪式的开始的前5分钟,嘉宾便应在礼仪人员的引领下集体入场。

②仪式开始,由主要负责人宣布仪式开始,然后介绍到场的嘉宾,并对他们的到来表示感谢。

③宾主讲话。由主办单位代表及社会知名人士先后发言。

④进行剪彩。礼仪人员引领剪彩者按主办单位的安排站立在确定的位置(礼仪人员的数量及站位,需要经彩排决定)。这时拉彩者拉起红绸及彩球,剪彩者剪断红绸、彩球落盘。

⑤后续活动。剪彩过程结束,主办单位可安排一些文艺演出、参观、联谊、座谈、签名、题词、就餐或继续参观等后续活动,具体做法可因剪彩内容而定。

4. 颁奖仪式/捐赠仪式

颁奖礼/捐赠礼通常所需礼仪较多,需要礼仪人员分别负责引导嘉宾、引导授奖人/受捐者,以及送上奖状奖杯/捐赠物品等。颁奖仪式和捐赠仪式,通常应包含如下5个基本的程序:

①首先由导位把授奖人/受捐者领上台。

②礼仪人员用托盘托住奖品/捐赠物品上台

③由导位再把颁奖人/捐赠代表引导上台。

④礼仪人员双手递承且鞠躬(向前微躬15度把物品递给颁奖人)让颁奖人接过奖杯证书/捐赠物品。奖杯证书/捐赠物品送出后,礼仪人员先下台。

⑤等拍照留念后,导位分别把颁奖人和授奖人/捐赠代表和受捐人引导回位。

由于颁奖仪式活动过程较为复杂,特殊情况较多,常见的有以下几种:

如果颁奖人在台上:①礼仪人员直接把奖状奖杯用托盘托上台给领导。②导位人员再把授奖人引导上台。③等颁奖人和授奖人拍照留念后,导位人员再把授奖人引导回位。

如果授奖人在台上:①由导位人员直接把颁奖人引导上台。②颁奖人和授奖人合照完后,导位人员分别把颁奖者和授奖者引导回位。

如果只有一位颁奖者:①先由导位人员把授奖者引导上台。②再由另一位导位人员把颁奖者引导上台。③礼仪人员随颁奖者身后上台。④把奖品递给颁奖者,然后礼仪人员马上离开(从授奖者身后离开)。⑤颁奖人和授奖人合照完后,导位人员分别把颁奖者和授奖者引导回位。

三、高校仪式活动礼仪服务常见问题及解决办法

正式的仪式礼仪现场可能会出现许多意外,为保证活动正常进行,礼仪应当具备一定的应对危机、解决常见问题的能力。下面是仪式礼仪现场常见的问题及解决方法。

问题1:引导与会人员入场时,面对来宾的指路请求无法做出准确回答。

解决方法:首先,为避免产生此类问题,礼仪人员应在彩排时就应先知悉场地的卫生间、出口、入口等位置。如果确实不知道,应首先向来宾致歉,再引导来宾找到活动场地的具体负责工作人员请求指路或带路。

问题2:仪式现场缺少与领导嘉宾的提前沟通,导致台上引导过程出现问题(领导站错位等)。

解决方法:如果彩排或活动开始前无法与需要上台的领导事先沟通,礼仪人员可以在引导领导上台的过程中,用得体的语言简要地告诉领导台上的站位和下台流程。在领导已经站错位的情况下,礼仪人员应视现场情况(主持人有无向领导进行提示、领导是否已经及时做出反应等)决定是否及时上台进行进一步引导进行补救。

问题3:仪式时间过长造成礼仪人员体力不支。

解决方法:为避免这种情况的发生,高校礼仪人员平常要加强体能训练,进行礼仪服务之前也要正常进餐,确保活动时的体力充沛;其次,在彩排时,如果仪式时间过长,要和活动方沟通修改方案,缩短不合理的时长或是安排相同岗位进行轮班。如果以上状况已经出现,礼仪人员应该在察觉自己身体不适时,及时低调地向工作人员反映情况并进行休息,尤其是重大活动时,切不可冒险强撑至体力

不支,影响活动正常进行。

问题4:仪式活动现场出现掉鞋、崴脚、摔倒等意外。

解决方法:为避免这种情况的发生,在彩排时就要先确认活动场地的地面是否平整,自己的高跟鞋是否合脚等。若鞋子不合脚,应及时换鞋或是通过半码垫、透明胶等工具进行调整。另外,作为高校礼仪人员,平时训练时需要注意加强脚踝力量的训练,减少崴脚等情况的出现。如果上述情况已经发生,作为礼仪人员,最重要的是先确保活动的正常进行。礼仪人员应该迅速反应,正常进行后续工作,让尽量少的人发现自己的失误,切不可因为觉得自己出丑等原因情绪失控或是愣在台上,造成更不利的影响。其实这种情况并不少见,重要的是不要慌乱,调整心态,继续进行原来的礼仪工作。例如,在第五届"互联网＋"颁奖晚会这样的全国性仪式上,也曾发生过礼仪人员在引导嘉宾的途中掉鞋的情况,但是该礼仪人员迅速做出了反应,掉了鞋的那只脚继续踮起来引导嘉宾,同时面部表情也保持着自然的微笑,在完成正常的引导工作后等待活动场地灯光暗下后再去将鞋捡了回来,基本上没有对活动的正常进行造成影响。

第三节　高校礼仪服务团队

从上面的描述和案例可以看出,仪式礼仪多为重要场合,过程复杂、突发状况较多,对礼仪人员的专业素养要求较高。因此,专业负责仪式礼仪的服务团队——高校礼仪队应运而生。

全国各大高校均主办或者承办着许多大型活动,活动中的仪式礼仪需要专业的礼仪人员,因此,部分高校设有自己的礼仪队。作为高校内的学生组织,礼仪队融合了仪式礼仪职能和学生个人兴趣发展,被赋予了新的内涵。

首先,从根本目的上来讲,职业礼仪人员将礼仪作为职业,学习礼仪的主要目的是获得劳动报酬,而高校礼仪队队员加入礼仪队,更多的是为了提升自己、内外兼修。

其次,从承接的活动类型来看,职业礼仪人员多是承接企业的商业活动,而高校礼仪队的活动主要面向校园内外,接触与教育相关的大型活动的机会更多。

一、国内部分高校礼仪队的基本情况[①]

1. 浙江大学礼仪队

浙江大学礼仪队建队于1983年,最初由体操队的部分成员组成,距今已有37年的历史。源于礼仪接待的责任滋养了浙江大学礼仪队独有的气质,也折射出浙大学子的形象。

2018年3月,浙江大学组建成立美育中心。浙江大学美育中心整合了校啦啦操队、校礼仪队、校语言艺术队,对美育教育做进一步整合,致力于树立美育教育标杆,打造学校人才培养目标的标志性形象,并发挥影响力及普及辐射作用。

浙江大学礼仪队以"美育"为切入点,旨在为培养"有理想、有境界、有品格、有才华"的浙大学子贡献一份青春力量。从开学典礼到校运会,由"互联网+"大会至"创青春",浙大的大小盛会都少不了浙大仪礼队卓雅的身影。

当前,浙大礼仪队按照学生组织的形式,以学生为主开展自我管理,礼仪队内设四个部门:人资部、运营部、宣传部和设计部。人资部负责队员培训考核、内部建设、物资管理等。运营部负责策划对外培训课程、传播礼仪文化。宣传部主管宣传事宜,负责微信公众号从文案、摄影到排版的平台运营,参与线上、线下的活动宣传。设计部负责队服设计、制作美育中心年鉴、活动的平面设计等,用艺术形式表达团队的文化理念。

2. 中国人民大学婧云女生发展俱乐部

婧云女生发展俱乐部,简称"婧云女生",英文全称为"Fair Lady Female Students Development Club",成立于2012年,是由中国人民大学国际交流处指导的、注册于中国人民大学学生工作委员会的学生社团,是全校性质的学生礼仪志愿服务团队。自俱乐部成立以来,婧云女生长期承担学校大型活动的学生礼仪工作。婧云女生努力践行"厚重、灵巧、自信、担当"的核心价值观,为成员开办各项培训活动。无论是开学典礼、毕业典礼、春季运动会等常规活动,还是外宾来访、

---

① 各高校礼仪队信息来自互联网公开资料。

吴玉章人文社会科学终身成就奖颁奖典礼、万寿论坛等大型活动,都活跃着婧云女生的身影。

成立至今,婧云女生多次获评中国人民大学学生礼仪志愿服务团队、"十佳社团"、"优秀社团"、"最具人气社团"、"最佳新社团"、"杰出社团"等称号。

俱乐部目前由4个部门组成:礼仪事务部、运营管理部、视觉宣传部及新媒体中心。礼仪事务部负责常规性礼仪活动的安排和策划。运营管理部负责社团内部的运营管理各项工作并筹备社团的各种和女性发展相关的活动。视觉宣传部负责社团的自我推广,并为礼仪活动提供宣传技术支撑。新媒体中心负责婧云女生微信公众号的运营,也承包了宣传品设计传播等任务。

3. 南京大学礼仪队

南京大学礼仪队(简称南礼)建立于1994年,全称是共青团南京大学委员会礼仪中心。朱光潜在《谈美》中说:"美是事物的最有价值的一面,美感的经验是人生中最有价值的一面。"无论是对美的欣赏,还是对美的追求,都贴近人最赤诚的愿望。这是南京大学礼仪队对于"美"的理解。

南京大学礼仪队为队员提供了锻炼自己的机会和展示自己的平台。南礼参与校内典礼活动,见证了无数同学的"高光"时刻。无论是计科迎新晚会,抑或是校长杯乒乓球赛,都有他们的身影。同时南礼与南大官方微博、其他社团多次合作,记录着队员们的不断成长。在恩玲剧场年代秀、各学院的活动节目中,队员们展示了自己更具活力的一面。南京大学十分重视礼仪队,平时队里定期举行的内训教授礼仪规范,塑造队员更好的体态,旨在使队员成长为内外兼修的优秀礼仪人才。

礼仪队目前由4个部分组成:内训部、宣传部、外联部和综合事务部。内训部负责平日队内各类训练的策划与指导。宣传部负责制作海报、编辑推送和运营南京大学礼仪队微信公众号。外联部负责对外联络、校际交流、资金支持等事务。综合事务部负责管理礼仪队队员的信息,进行数据分析,整理各次礼仪活动情况及考评。

4. 中国传媒大学礼仪队

中国传媒大学礼仪队成立于2009年,是校团委14个直属部门的一个部门,属于校团委管辖范围。学校团委指派专职老师指导礼仪队工作。每一次礼仪工作的顺利展开都离不开各个部门组织的分工协作。

礼仪队的日常工作主要是在学校大型的颁奖典礼、晚会和重要活动中承担颁奖礼仪、迎宾、引领等工作。礼仪队现出席参与过的校园大型活动有"五四评优"表彰大会、"广院之春"校园歌手大赛、首都高校"风采之星"才艺选拔大赛等。每年进行的活动礼仪工作大约有20~30次,是校园大舞台的"台宠"。

目前礼仪队分为"礼仪分队"和"职能部门"两大部分。"职能部门"由行政部、公关部和宣传部三部门组成。"礼仪分队"是礼仪队的主要组成部分,成员大概在40人左右,分为3个礼仪小分队,每个分队轮流负责礼仪活动。行政部负责队日常行政工作,比如考勤、物资、简报等。宣传部负责礼仪队的推送海报宣传及礼仪队摄影活动。公关部负责礼仪队的财务管理及出礼活动的对接。

二、高校礼仪队的分类

1. 按照队伍人员是否固定,分为专职礼仪队和临时礼仪队

专职礼仪队是由队内的专职老师直接负责,管理高校各项大型迎宾与接待等活动的职能机构。相较于针对某一活动而临时招募组建的礼仪队伍而言,专职礼仪队有固定的指导老师与在编队员,经过训练的礼仪队员在迎宾与接待等活动的礼仪处理上会更加细心、专业,且面对突发状况会及时做出相应措施,不至于因缺乏相应的技能知识而慌乱。

2. 按照队伍的性质,分为勤工助学岗位和学生个人发展中心

勤工助学岗位的日常运作类似于组织自身发布校内活动的礼仪需求告示,学生在其组织下利用课余时间,通过劳动取得合法报酬,用于改善学习和生活条件。

而学生个人发展中心则不仅局限于通过开展各项活动使队员获得学习与生活方面的帮助,它更注重对学生综合素质的提升与培养,为学生个人的发展做出指导。他们不仅负责仪式礼仪,还将具有强实用性的商务礼仪、社交礼仪和我国源远流长、博大精深的中华传统文化纳入培训计划的教育内容之中,而且能在客观实用与主观感悟的碰撞中全面提升学生的综合素养。

浙江大学校礼仪队就是一支专注于学生个人发展的专职礼仪队。接下来主

要以浙江大学为例,详细介绍礼仪队的内部制度、文化与发展。

三、浙江大学礼仪队的管理体制和文化建设

1. 浙江大学礼仪队的管理体制

(1)队员选拔考核制度

浙江大学礼仪队以"知识、能力、素质、人格"四个维度为主要标准,结合学生的个人优势及特长,面向全校学生,以报名表格筛选结合面试表现的方法,坚持公平公正公开的原则,招募选拔队员。

①知识:以学生的综合学业成绩或者专业成绩为选拔标准之一,督促中心成员在自身专业领域内做到勤勉认真、不骄不躁、追求进步。

②能力:包括工作能力和鉴美能力。工作能力方面要求中心成员具有较强的工作能力,主要包括团队合作能力、沟通协调能力、表达能力等,以促进学生礼仪队伍的建设、提升队伍内部的凝聚力及对外影响力;鉴美能力考查学生鉴赏美、创造美的能力,要求其具有正确的、积极的审美观,即高尚的情操和文明素质。

③素质:"德、智、体、美、劳"综合素质的全面发展是中心选拔成员的基准,品德、智慧、体质、美育、吃苦耐劳不可偏废。

④人格:在考查学生是否具有良好的道德品质和正确的政治观念基础上,将日常表现等纳入考察标准,多方面考鉴学生团队奉献等综合德行品质。

(2)日常考勤、例训制度

浙江大学礼仪队考勤内容包括日常训练和礼仪模拟两部分,旨在为队员提供更科学的身体素质锻炼和更全面的技能培训。

①日常训练:以每周一次例训的形式进行,包括形体训练、身体素质训练。通过集体性的训练,中心成员能够增强团体凝聚力,提高工作能力,为更优秀的礼仪表现奠定体能基础。中心要求成员"不早退、不迟到、无特殊理由不请假",保证训练强度,提高训练要求。

②礼仪模拟:将理论与实践相结合,设置情景模拟礼仪活动,在专业老师的指导下进行。督促学生在模拟中积累经验,在实践中体会美育。熟练掌握在不同场合的礼仪流程,发生突发情况时能够控制场面,应对自如。

（3）日常管理制度

礼仪活动基本流程如图6-1所示。

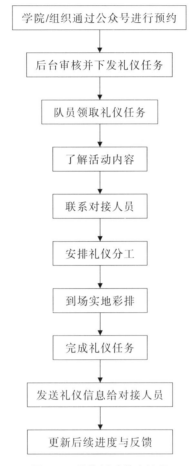

图6-1 礼仪活动基本流程

以上述内容为基本流程,中心成员需具备独立解决问题的能力,遇事不慌,处事不惊,坚守岗位,体现浙江大学礼仪队队员的仪态与风采。

（4）内部考核制度

礼仪队队员定期考核,队员需具备以下几点能力:

①学习成绩优良,认真刻苦,自我要求高。

②礼仪专业能力突出,能自如应付突发情况,熟悉各场合礼仪流程。

③性格良好,品行端正,与队员关系融洽。

礼仪队骨干层留任选拔更加严格,除了具备以上特质,还要符合以下条件:

①具有领导力,能够较好地管理队伍,有能力接管部门事务。

②富有亲和力,构建队伍良好的氛围。

③对个人要求更加严格,能起带头表率作用,引领积极向上的氛围。

此外,每届留任有考核期,考核期间若出现问题则不予考虑。

2. 浙江大学礼仪队队伍内涵及文化建设

全国教育大会在培育学生的方式方法上提出了"在增强综合素质上下功夫,教育引导学生培养综合能力,培养创新思维"的指导思想,明确了"知识、能力、素质、人格"四位一体的人才培养体系。

浙江大学礼仪队围绕"灵动、尽美、明德、尚礼"的育人内涵,不仅是为保障学校大型活动的仪式礼仪而设立的队伍,而且通过引导学生认知并不断提高自身价值,以身作则积极带动身边的同学以美养德、以美尚礼、向美而行。通过打造一支学业成绩优秀、综合素质全面发展、形象气质俱佳的学生队伍,打造了浙大人才培养的标志性形象,以榜样的力量带动更多浙大人的成长。

建立了系统化综合素质、专业素质提升课程,不断加强学生队伍建设,为校内外大型活动提供礼仪服务保障,在校内外竞赛中充分展现浙大风采,传播礼仪文化,最终达到帮助全员成长成才及服务于浙江大学人才培养工作的目标。

浙江大学礼仪队采取以下多个方面的措施,贯彻自身队伍文化内涵。

(1)内部专项培训:定制课程

①尚礼之美:全体队员均接受系统性礼仪及形体培训,在校内外大型活动中参与礼仪活动。培训内容包括仪态礼仪、交往礼仪、用餐礼仪、面试礼仪,以帮助学生在活动的过程中更深入地体会礼仪的内涵。课程也将结合实际需要开展化妆培训,帮助队员正确把握当代大学生的合理妆容、发型,比如日常淡妆、面试妆容等。

②舞蹈、语言之美:礼仪队依托美育中心平台,对队员进行全方位的综合培训。内容包括基本舞蹈训练、演讲、朗诵、公文写作、办文办会等与语言文字相关的专题实训和讲座课程。

③文化之美:将安排内容主要为茶艺、插花、书法、中西方古典音乐鉴赏、法美

术作品鉴赏、戏曲鉴赏、表演课等审美鉴赏类的课程,要求所有成员每学期至少参加2次。

(2)"美育大讲堂"系列讲座

浙江大学礼仪队依托美育中心平台,参与开展"美育大讲堂"系列讲座。"美育大讲堂"以提高女大学生的综合素质为出发点,以培养其独立人格与精神为目的导向,聘请我校及社会各界的专家,以开设讲座的形式为我校女大学生介绍"美"在各个领域的具象体现与抽象的思维,结合美育中心的组织精神与理念,从多层次、多领域关爱女大学生的全面发展。

该系列讲座主题内容涉及文化、思想、艺术、法律、社会、经济、体育、科学8个领域,面向全校女大学生宣传,队员可以提升自身的美育修养,营造美育氛围,传播美育文化。

第四节　高校仪式礼仪服务团队的发展展望

一、内部建设

1. 个体

礼仪队对队员进行美育,即审美教育。美育也是情操教育和心灵教育,不仅能提升人的审美素养,还能潜移默化地影响人的情感、趣味、气质、胸襟,激励人的精神,滋润人的心灵。在高校礼仪建设中,美育可以引领学生树立正确的审美观念,陶冶高尚的道德情操、培育深厚的民族情感、树立正确的世界观人生观和价值观、激发想象力和创新意识、拥有开阔的眼光和宽广的胸怀,是全面发展教育、培养健全人才不可缺少的重要内容。

2. 团队

礼仪队秉承着"灵动、尽美、明德、尚礼"的核心理念,抓住思想建设,发挥价值导向和行为规范功能,提高队内素质。强化队内干部建设,树立模范带头作用。定期定量开展队内培训,组织队内成员凝聚力建设,构建和谐集体。开展主题活动,丰富队内生活,激发学生审美意识、审美能力、审美理想和审美追求。在礼仪氛围的引导下,礼仪队队员会在潜意识中认同社会核心价值观,接受正确的道德规范,真正实现思想政治教育价值导向"入心、入脑、入行"。

二、外部建设

1. 精神层面

美国著名社会学家兰德尔·柯林斯出版了《互动仪式链》一书,明确指出:"亲身在场使人们更容易察觉他人的信号和身体表现,进入相同的节奏,捕捉他人的姿态和情感,能够发出信号,确认共同关注焦点,从而达到主体间性状态。"

由此可见,礼仪队通过参与校园各项活动,发挥传播辐射功能,使学生与学生之间、学生与老师之间相互影响,双向互动、感染,使他们在潜移默化中实现向真、向善、向美的追求,有利于营造我校明德尚礼的氛围,传播美育文化。

2. 实践层面

礼仪队在集中培养内部队员的基础上,不断完善礼仪课程教学、实践活动、校园文化、仪式礼仪"四位一体"的普及礼仪文化推进机制,通过美育中心搭建的培训平台向外辐射,使更多的学生从中受益,扩大学校对礼仪文化的理解及学校美育的广度和深度。礼仪活动是高校校园文化建设的有效载体。礼仪活动携带着思想政治教育的内容,传递着中华民族优秀文化,为校园文化创造了新形式,并不断与时俱进,开拓创新。

浙江大学礼仪队积极推进与国内其他高校礼仪队的交流合作,搭建高校礼仪队交流平台,取长补短,互相学习,相互促进,争取搭建固定的交流平台。交流合作活动不仅仅是一个"走出去"展示自我、传达价值观念、宣传校园文化的机会,更是礼仪队吸收学习其他高校规范价值的机会。这种交流活动更容易通过相互渗透的互动方式,将活动中所蕴含的精神、信念、道德风尚沉淀在学生心灵深处,衍生出文化积淀,形成共同的心理定式和良好的行为规范。

第七章 礼仪形体训练

第一节 礼仪形体训练理论

一、礼仪形体训练的主要目的

常言道,修于内,而形于外,内在丰厚的修养底蕴和外在优雅的言行姿态都不可或缺。针对仪容仪态,我们可以通过礼仪形体训练,运用各种身体练习以塑造优美的体态、增进对身体语言的控制和表现能力,做到在日常生活或是正式场合中都能举止优雅、进退有度。

形体是指一个人的体形和姿态,体形即是我们身体的外形,姿态则是我们平时一举一动表现出来的行为习惯。形体训练即是有意识、有目的地采用科学的方式并按照一定的客观标准纠正和改善我们不正确的身体姿态和行为习惯,并达到增进健康、增强体质、塑造形体、培养气质的目的。

对于校园礼仪而言,形体训练能够培养和塑造学生待人接物时优美的形体和仪态,并使其具有鉴赏、表现形体美的能力。对于服务礼仪而言,形体训练能够促使人养成良好的职业素养,为今后相关服务工作奠定扎实的理论知识及形体实践基础。形体礼仪训练是塑造优美并符合礼仪规范的身体形态及动作姿态的重要手段,它不仅仅是针对身体素质的训练,更与美育教育和精神文明教育相关,是培养综合能力时不可或缺的一部分。

二、礼仪形体训练的特点

1. 提供全方位的身体锻炼

形体训练在内容上注重采用整体练习和局部练习相结合的方法,既可以使局部肌肉的控制能力增强,又能发展身体正确的感知觉。练习者可以通过练习锻炼到身体各个部位,在塑造形体美的过程中进一步提高身体的健康水平。

2. 适用于不同水平的练习者

形体训练的内容是在运动心理学、运动解剖学、美学等科学理论的指导下进行创编,包含的内容广,呈现出一定的难度梯度。练习者可根据自身年龄、性别、训练目的和各自的水平自行选择适宜的训练方法。

3. 具有一定的艺术性要求

形体练习的各类动作不仅要求准确、协调,还要求姿态优美并在音乐的伴奏下进行,在练习过程中充分体现对动态美和静态美两方面的艺术性要求。

4. 目的在于培养内在气质

个人的坐、立、行、止,是展现内在美的窗口,折射出一个人的精神面貌与内在涵养。形体训练的目的不仅仅在于塑造优美的体态,还在于通过训练将内在气质灌输到人的心灵中,使人的动作和姿态富有美的韵味,从而真正展示出人的文化底蕴。

三、礼仪形体训练的原则

1. 目的性原则

形体训练的积极性主要来源于训练者端正的动机和明确的目的。形体训练是一项长期的任务,短期内并不易达到明显的效果,因此在形体训练的每个阶段,练习者都应对自己有明确的目的要求。

每个组合应以掌握动作为基本目的,降低达到目标的门槛,使练习者容易对内容产生兴趣,兴趣本身又会促使练习者积极主动地练习,以此往复。反复的练习及身心结合,方能改善身体姿态,并随之给身体形象、气质带来改变。练习者通过形体训练获得益处,对巩固练习的积极性有着重要作用。

2. 从实际出发原则

制订练习方案时应当以实际出发,根据练习者年龄、性别、身体基础、练习水平等实际情况,选择相应难度梯度的练习内容,使练习者既能达到身体各部位充分运动的目的,又不会因过度疲劳而产生畏难情绪。同时,训练设计要将一般要点与个性化对待相结合,对同一水平的练习者提出一般要求,并且对每个人的不同点加以区别,例如从练习的时间、次数、动作感觉等方面施加针对性训练。

3. 坚持经常性原则

训练者应保证有足够的时间来接受全面系统的练习,必须持之以恒、坚持不懈,才能产生持久的影响,并使身体逐渐形成一种"意识",在举手投足间都能展现美。这不仅有助于练习者正确理解形体姿态的规范要求,掌握其训练手法,进一步提高训练效果,还对培养"终身锻炼"的思想有着极其重要的意义。

4. 循序渐进原则

形体训练的教学过程,必须遵守由易到难、由简到繁,稳步提高教学难度和要求的原则,合理有序地安排内容方法和运动负荷,遵循形体训练过程的客观规律。对于基础素质水平较低的练习者,应重视基础练习,同时把感知觉练习作为重点内容,例如在扶把或离把的练习中多采用单一动作。随着身体素质及身体感觉的提高,逐步提出新的要求,并向高难度的动作过渡。

5. 全面性原则

形体训练应全面发展身体基本活动能力和各部位、各类身体素质,并且在各不同阶段要统筹兼顾、突出重点。同时要把形体训练与内在气质的培养结合起来,使练习者通过形体练习产生正确的审美意识,既使形体得到良好的全面发展,又获得优雅脱俗的气质,在良好的艺术环境中健康成长。

四、礼仪形体训练的作用

1. 改善体形,促进健康

形体训练可以使身体比例均衡,改善不良体态,让练习者身材匀称和谐。除此之外,形体训练还要求动作迅速、准确,对于脑、脊髓及周围肌肉支配神经之间的应答反应提出了较高的要求。脑是中枢神经的高级部位,形体训练时,脑既要保持与周围神经的灵敏应答,储存精细动作的信息,又要及时纠正错误动作,随机应变。经常参加形体训练,可加强大脑对肌体的控制能力,提高人的理解能力、思维能力和记忆能力,使身体健康并且大脑更加聪明灵活。

2. 培养气质,陶冶情操

除去塑造优美的体型、气质之类外在的目的,形体训练的本质是内化道德情操,外化行为气质,使人的精神和形体之美达到统一。形体训练可以传递高雅的艺术气质、提高人的内涵修养、陶冶人的情操,使人容光焕发,身心健康和谐统一发展。

3. 待人接物,进退有度

礼仪形体训练的所有内容可用于辅助并提高练习者学习校园礼仪、商务礼仪、服务礼仪等方面的相关仪态训练。练习者可通过形体训练掌握正确的仪表和仪态要求,在日常生活中和学习的过程中逐渐形成习惯并塑造良好形象,提高就业竞争力和社会适应力。

第二节　基本功训练

一、基本功术语与应用

人的形象美需要外在表现和内在修养和谐统一,礼仪形体训练不仅会利用芭蕾、舞蹈、体操等中的舒展的动作训练人体的优雅姿态,而且给予人艺术和美的熏陶,有助于提高练习者现代气质和高雅风度。

1. 身体的方位

为了便于教学与练习,能够准确说明练习者在场地练习的方向,把开始面对的方向(场地的正前方)确定为1点,按顺时针方向,每45度为一个基本方位,这样将场地划分为8个方位点。场地的4个角,即右前方、右后方、左后方、左前方,分别是2、4、6、8点,场地的前方、右侧、后方、左侧分别是1、3、5、7点。

2. 脚形与脚位

(1)脚形

①勾脚:脚的五趾并拢伸直,脚尖用力往回钩(见图7-1)。

②半勾脚:脚的五趾并拢伸直,趾关节做弯曲的动作(见图7-2)。

③绷脚:脚的五趾并拢伸直,脚背绷直(见图7-3)。

教学提示：

①做各类脚位练习时，要求身体保持直立，挺胸立腰，收臀、收腹、全脚掌着地，重心落于两脚。

②可先进行扶把练习，保持上身的稳定，体会脚的正确动作要领，再进行离把练习，掌握后再逐步练习各种脚位立踵内容。

图7-1　勾脚　　　　　　　图7-2　半勾脚　　　　　　　图7-3　绷脚

（2）芭蕾脚位

①一位

动作方法：两脚跟靠拢，脚尖向两侧分开，两脚成一条直线（见图7-4）。

②二位

动作方法：在一位的基础上，两脚跟分开相距约一脚，重心落在两脚上（见图7-5）。

③五位

动作方法：两脚前后平行靠拢，脚尖朝向两侧（见图7-6）。

脚的位置站立时必须注意把身体重心均衡地落在每个脚的三个支点上，也就是落在大脚趾、小脚趾和脚跟上，髋、膝关节充分外展。

④四位

动作方法：两脚前后平行，脚尖向两侧打开，两脚相距约一脚（见图7-7）。

教学提示：

①站立时髋部要保持正直，腿部、臀部、腹部的肌肉向上收紧。

②练习前，要先充分活动各关节，再进行脚位的练习，以免造成损伤。

③脚位的练习要求两腿外旋，要有较好的开度，在练习中，如果开度达不到要求，不可强求，可先站外八字步和大八字步，以免造成损伤。

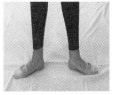

图 7-4　一位　　　　图 7-5　二位　　　　图 7-6　五位　　　　图 7-7　四位

（3）动作组合练习（见图 7-8）

①地面勾绷脚组合

预备姿势：直角坐于地面，双臂放在体侧，指尖点地于耳后，抬头挺胸。双脚并拢伸直绷紧。

1×8 拍：第 1～2 拍，双脚半勾脚，勾起脚趾；第 3～4 拍，双脚呈全脚掌勾脚，脚跟用力前蹬，使脚面与小腿的角度越小越好；第 5～6 拍，双脚半绷脚；第 7～8 拍，绷脚还原成开始姿态。

2×8 拍：第 1～2 拍，双脚勾起，脚跟用力前蹬，使脚面与小腿的角度越小越好；第 3～4 拍，绷脚还原成开始姿态；第 5～8 拍动作同 1～4 拍。

3×8 拍：第 1～2 拍，左脚勾脚，右脚绷脚；第 3～4 拍，左脚绷脚，右脚勾脚，同时交替完成；第 5～8 拍动作同 1～4 拍。

4×8 拍：第 1 拍，双脚勾脚；第 2 拍，双脚外开呈最大角度；第 3 拍，双脚经外侧向前；第 4 拍，绷脚尖；第 5～8 拍动作和 1～4 拍倒序完成。

教学提示：

ⅰ . 坐立时背部、颈部要保持正直，收腹挺胸抬头，趴地时身体保持直线。

ⅱ . 坐姿时膝盖完全伸直，脚后跟尽可能离开地面，腿部的肌肉往中间收紧。趴地时膝盖绷紧离开地面，双腿并拢。

ⅲ . 练习前，要先充分活动各关节，再进行练习，以免造成损伤。

ⅳ . 可先采用 4/4 拍音乐节奏，熟练后逐渐加快。

1×8拍　1~2拍　　　1×8拍　3~4拍　　　1×8拍　5~6拍　　　1×8拍　7~8拍

2×8拍　1~2拍　　　2×8拍　3~4拍　　　3×8拍　1~2拍　　　3×8拍　3~4拍

4×8拍　第1拍　　　4×8拍　第2拍　　　4×8拍　第3拍　　　4×8拍　第4拍

4×8拍　第5拍　　　4×8拍　第6拍　　　4×8拍　第7拍　　　4×8拍　第8拍

图7-8　动作组合练习

②芭蕾脚位组合

1×8拍:第1~4拍,一位脚站立,双脚打开尽量呈一字;第5~6拍,将右脚向侧伸出脚尖点地,形成绷脚动作,压脚跟落到二位脚。

2×8拍:第1~4拍,二位脚站立,双脚打开尽量呈一字,重心保持在两腿中间;第5~6拍,将右脚脚尖点地,形成绷脚姿态,从侧向前划一个弧线,落到四位脚。

3×8拍:第1~4拍,五位脚站立,双腿伸直并紧;第5~6拍,将右脚向侧伸出,脚尖点地,形成绷脚姿态,将右脚收回到一位起始脚位。

4×8拍:第1~4拍,四位脚站立,重心保持在两腿中间;第5~6拍,将右脚脚尖点地,形成绷脚姿态,将右脚收回靠近左脚,双腿并紧落到五位脚。

随后进行另一侧的练习,统一左脚出腿四位与五位脚左脚在前。

教学提示:

ⅰ. 按次序学习芭蕾舞的脚位。

ⅱ. 遵循循序渐进原则,可先单手扶把或双手扶把进行训练,再进行离把练习。

  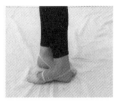 

第1×8拍　　　　　第2×8拍　　　　　第3×8拍　　　　　第4×8拍

图7-9　芭蕾脚位组合

3. 手形与手位

(1)手形

①并掌:四指并拢伸直,大拇指末关节收回,指关节贴于食指旁(见图7-10)。

②开掌:五指伸直并充分打开(见图7-11)。

③兰花指:大拇指与中指相捏,其他手指自然翘起(见图7-12)。

④芭蕾手形:手指并拢,自然伸直,拇指与中指稍向里合,从腕到指尖为圆滑的弧线(见图7-13)。

教学提示:

ⅰ. 做各类手形练习时,要求身体保持直立,挺胸立腰,收臀、收腹。

ⅱ. 手形动作准确,体会正确动作要领,再进行变化练习。

图7-10　并掌　　　图7-11　开掌　　　图7-12　兰花指　　图7-13　芭蕾手形

（2）芭蕾基本手位

①一位：两臂弧形下垂于体前，呈椭圆形，手心相对，指尖相对，两手相距约一拳左右；稍离开大腿根部（见图7-14）。

②二位：两臂保持一位的弧形抬至胸前，手心相对（见图7-15）。

③三位：两臂保持弧形上举，在额前上方，手心相对（见图7-16）。

④四位：左臂停留在三位，右臂回落到二位，两臂保持弧形（见图7-17）。

⑤五位：左臂仍停留在三位，二位的手臂向侧打开至弧形侧举，不要超过肩膀的位置稍偏前（见图7-18）。

⑥六位：在三位的手臂下落到二位（弧形前举），另一臂仍保持弧形侧举（见图7-19）。

⑦七位：在二位的手臂向侧打开至弧形侧举，稍偏前，另一臂仍保持弧形侧举，手心向前下方（见图7-20）。

教学提示：

ⅰ. 肩放松，肘、腕自然微屈，手臂呈弧形。

ⅱ. 手指并拢，自然伸直，拇指与中指稍向里合，从腕到指尖为圆滑的弧线。

图7-14　一位　　　　图7-15　二位　　　　图7-16　三位　　　　图7-17　四位

图7-18　五位　　　　　　图7-19　六位　　　　　　图7-20　七位

（3）动作组合练习

①手形组合（见图7-21）

预备姿势：双手弯曲位于胸前，八字步站立。

1×8拍：第1～4拍并掌；第5～8拍快速成开掌手形。

2×8拍：第1～4拍做兰花指；第5～8拍成芭蕾手形。

3×8拍：第1～2拍并掌；第3～4拍开掌；第5～6拍做兰花指；第7～8拍成芭蕾手形。

4×8拍：动作同3×8拍。

教学提示：

ⅰ．变化手形姿势快速、准确。

ⅱ．练习手指灵活性和协调性。

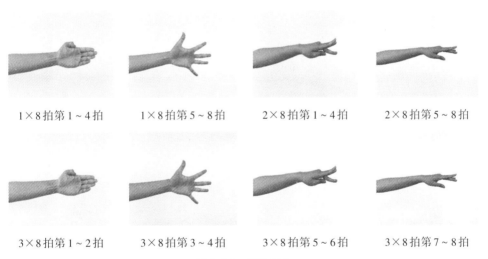

1×8拍第1～4拍　　1×8拍第5～8拍　　2×8拍第1～4拍　　2×8拍第5～8拍

3×8拍第1～2拍　　3×8拍第3～4拍　　3×8拍第5～6拍　　3×8拍第7～8拍

图7-21　手形组合

②芭蕾手位组合

预备姿势：双手自然垂于体侧，八字步站立。

1×8拍：形成一位手，两臂弧形下垂于体前，呈椭圆形，手心相对，指尖相对，两手相距约一拳左右；稍离开大腿根部。

2×8拍：将两臂保持一位的弧形抬至胸前，形成二位手。

3×8拍：双臂保持弧形上举，形成三位手。

4×8拍:左臂停留在三位,右臂回落到二位,形成四位手。

5×8拍:左臂仍停留在三位,右臂向侧方打开至弧形侧举,不要超过肩膀的位置稍偏前,形成五位手。

6×8拍:在三位的左臂下落到二位,另一臂仍保持弧形侧举,形成六位手。

7×8拍:在二位的左臂向侧方打开至弧形侧举,稍偏前,右臂仍保持弧形侧举,形成七位手。

8×8拍:双手同时往远延伸,自然落下回到一位手。

教学提示:

ⅰ.肩放松,肘、腕自然微屈,手臂呈弧形。

ⅱ.手指并拢,自然伸直,拇指与中指稍向里合,从腕到指尖为圆滑的弧线。

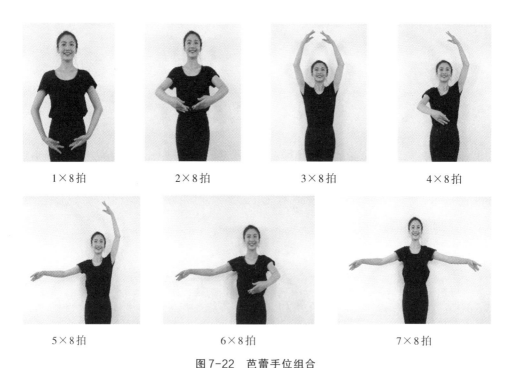

1×8拍　　　　　2×8拍　　　　　3×8拍　　　　　4×8拍

5×8拍　　　　　　　6×8拍　　　　　　　7×8拍

图7-22　芭蕾手位组合

二、基本功练习

1.地面练习

地面练习能够使初学者更快地掌握控制肌肉的能力。有目的、有计划的地面动作组合练习,能把上手臂和腿部、腹部、背部及头部动作有机结合起来,使颈、胸、臂、背、腰、脚踝、腿部等的线条更为优美,对改善学习者身体形态有着重要的作用。

(1)地面吸伸腿练习

①前侧吸伸腿

预备姿势:平躺于地面,挺胸收腹,双腿伸直,手心向下置于体侧。

动作方法:1×8拍,第1拍迅速向正上方收右腿(见图7-23);第2拍右小腿快速伸直成举腿状态(见图7-24);第3拍屈膝收回1拍状态;第4拍迅速还原;第5~8拍同1~4拍,换腿完成。反复练习8×8拍。

教学提示:

ⅰ.前吸腿时,膝关节朝上,大小腿折叠至最小夹角,脚尖点地。

ⅱ.弹腿时,以膝关节为轴,大腿不动以脚面带动小腿伸直,同时上体保持姿态稳定。

图7-23　预备姿势

图7-24　前侧吸伸腿

②侧面吸伸腿

预备姿势:可采用两种形式练习,分别如下:

ⅰ.练习者身体侧卧成一条直线,右手臂伸直上举,手心向下,右耳贴近右手臂,双腿并拢,伸直,立腰,立背,绷脚。

ⅱ.练习者右臂屈肘撑地,大臂垂直于地面,小臂贴地面,手指向前,手心向下,左手体前扶地,上体正直,立腰,立背,绷脚。

动作方法:1×8拍,第1拍侧吸左腿,左脚尖点在膝盖处,左膝盖向上打开(见

图7-25);第2拍左小腿快速伸直成侧举腿状态(见图7-26);第3拍屈膝收回1拍状态;第4拍迅速还原;第5~8拍同1~4拍。反复练习8×8拍。之后换一侧进行练习。

教学提示:

ⅰ.侧吸腿时,膝关节朝上,大小腿折叠至最小夹角,脚尖点在另一条腿内侧。

ⅱ.弹腿时,以膝关节为轴,大腿不动,以脚面带动小腿伸直,同时上体保持姿态稳定。

ⅲ.动作腿从开始动作时就要向外旋开大腿,一直保持至全部动作完成之后才可回原位。

ⅳ.通过练习增强腰、腿部肌肉的爆发力和膝关节的灵活性及控制能力。

图7-25 预备姿势

图7-26 侧吸伸腿

(2)地面踢腿练习

①前踢腿

预备姿势:练习者平躺在地面,双手直臂放于体侧,手心向下,双腿并拢,伸直,绷紧脚尖。

动作方法:两拍一踢,1×8拍的第1拍,左腿向上踢出;第2拍落下还原。反复单腿练习4×8拍或双腿交替练习4×8拍(见图7-27)。

教学提示:

ⅰ.踢腿要快速有力,回落要有控制。

ⅱ.通过练习可以增强腿部肌肉的爆发力和柔韧性。

②侧踢腿

预备姿势:可采用两种形式练习。

ⅰ.练习者身体侧卧成一条直线,右手臂伸直上举,手心向下,右耳贴近右手臂,双腿并拢,伸直,立腰,立背,绷脚。

ⅱ.练习者右臂屈肘撑地,大臂垂直于地面,小臂贴地面,手指向前,手心向下,左手体前扶地,上体正直,立腰,立背,绷脚。

动作方法:两拍一踢,1×8拍的第1拍,左直腿侧踢,第2拍落下还原。反复练习4×8拍,换方向练习(见图7-28)。

教学提示:

ⅰ.踢腿要快速有力,腿回落时要有控制。

ⅱ.整个动作要注意保持立腰、立背的形态。

ⅲ.通过练习增强腿部肌肉的爆发力和柔韧性。

③俯卧后踢腿

预备姿势:可采用两种形式练习,分别为:

练习者俯卧平趴在地上,双腿并拢、伸直,双臂向前伸直,手心向下。

动作方法:一拍一踢,1×8拍的第1拍的前半拍,左直腿后踢,头略后仰,第1拍的后半拍和第2拍慢回落。反复练习4×8拍,后举至最大限度做4×8拍。换腿练习(见图7-29)。

教学提示:

ⅰ.做动作时,上体姿态要控制好,直腿后踢要迅速,回落要有控制。

ⅱ.后踢腿时不要掀胯,保持髋关节不离开地面。

ⅲ.通过练习增强腰、腿部肌肉的爆发力和柔韧性。

④跪姿后踢腿

预备姿势:练习者右膝跪地,大腿垂直地面,右腿伸直点地,双臂垂直撑地,撑在右膝两侧。

动作方法:一拍一踢,1×8拍的第1拍的前半拍,左直腿后踢,头略后仰,第1拍的后半拍和第2拍缓慢回落。反复练习4×8拍,后举至最大限度做4×8拍。换腿练习(见图7-30)。

教学提示：

ⅰ . 俯卧后踢腿和跪姿后踢腿相同,要求上身后抬尽量碰地。

ⅱ . 后踢腿时两肩保持平直,向后踢腿时要对齐自己的后脑勺,不要歪倒。

ⅲ . 通过练习增强肌肉的爆发力和柔韧性。

图 7-27　前踢腿

图 7-28　侧踢腿

图 7-29　俯卧后踢腿

图 7-30　跪姿后踢腿

(3)手臂波浪练习

①向前手臂波浪

预备姿势:直角坐于地面,双臂放在体侧,抬头挺胸,双脚并拢、伸直、绷紧(见图 7-31)。

动作方法:

ⅰ . 以肘带动,腕稍屈,手指放松下垂(见图 7-32)。

ⅱ . 肘下压,手腕、指各关节依次伸直至前举(见图 7-33)。

ⅲ . 随后从肘、手腕、指尖缓慢落到准备姿势(见图 7-34)。

教学提示:

ⅰ . 手臂波浪动作的幅度可大可小,可两臂同时进行或两臂依次进行。

ⅱ.保持后背直立,挺胸、收腹。

图7-31　预备姿势

图7-32　动作1

图7-33　动作2

图7-34　动作3

②向侧手臂波浪

预备姿势:直角坐于地面,双臂放在体侧,指尖点地于耳后,抬头挺胸。双脚并拢,伸直绷紧(见图7-35)。

动作方法:

ⅰ.以肘带动,腕稍屈,手指放松下垂(见图7-36)。

ⅱ.肘下压,手腕、指各关节依次伸直至侧举(见图7-37)。

ⅲ.从肘、手腕、指尖缓慢落到准备姿势(见图7-38)。

教学提示:手臂波浪动作的幅度可大可小,可两臂同时或两臂依次进行。

图 7-35　预备姿势

图 7-36　动作 1

图 7-37　动作 2

图 7-38　动作 3

（4）地面胸腰练习

预备姿势：练习者俯卧平趴在地上，双腿并拢、伸直，双臂向前伸直，手心向下（见图 7-39）。

动作方法：

ⅰ. 将上体用手臂撑起，手掌尽可能贴近身体，仰头将腰部伸展到最大极限（见图 7-40）。

ⅱ. 将上体离开地面，呈跪姿，继续充分拉伸胸腰（见图 7-41）。

ⅲ. 反弓含胸动作，将身体收回到双膝跪姿，低头靠近膝盖（见图 7-42）。

教学提示:

ⅰ.此动作练习前需进行充分的热身准备,避免受伤。

ⅱ.胸、腰的拉伸幅度尽可能做到各学习者的极限,并将手臂撑直。

ⅲ.通过练习可以增强胸、腰的柔韧性。

图7-39　预备姿势

图7-40　动作1

图7-41　动作2

图7-42　动作3

(5)动作组合练习(见图7-43)

预备姿势:练习者平躺在地面,双手直臂放于体侧,手心向下,双腿并拢,伸直,绷紧脚尖。

1×8拍:第1拍快速向前踢左腿;第2~4拍落下,回到预备姿势;第5~8动作同第1~4拍。

2×8拍:第1拍迅速向正上方收右腿;第2拍右小腿快速伸直成举腿状态;第3拍屈膝收回1拍状态;第4拍迅速还原;第5~8拍向右侧转身呈侧卧姿态。

3×8拍:第1拍快速踢向侧左腿;第2~4拍落下,回到准备姿势;第5~8动作同第1~4拍。

4×8拍:第1拍侧吸左腿,左脚尖点在膝盖处,左膝盖向上打开;第2拍左小腿快速伸直成侧举腿状态;第3拍屈膝回到第1拍状态;第4拍迅速还原;第5~8拍向右侧转身呈俯卧姿态。

5×8拍:第1拍快速向后俯卧踢左腿;第2~4拍落下,回到预备姿势;第5~8动作同第1~4拍。

6×8拍:第1~4拍将上体撑起;第5~8含胸低头呈跪姿,完成一次地面胸腰练习呈跪态,并将左腿伸出。

7×8拍:第1拍快速向后踢左腿,头略后仰;第2~4拍落下,回到准备姿势;第5~8动作同第1~4拍。

8×8拍:左腿收回到直角坐姿,上体回到直立状态。准备进行手臂波浪练习。

9×8拍:第1~2拍左手抬起;第3~4拍向左看向手指间,做左手臂波浪一次;第5~6拍落下;第7~8拍回到准备姿势。

10×8拍:第1~2拍右手抬起;第3~4拍向右看向右指间,做右手臂波浪一次;第5~6拍落下;第7~8拍回到准备姿势。

11×8拍:第1~2拍双手同时向前抬起,至与肩同高,完成手臂波浪一次;第3~4拍落下,回到预备姿势;第5~8动作同第1~4拍。

12×8拍:第1~2拍双手同时向两侧抬起,手背在上方轻碰,完成手臂波浪一次;第3~4拍落下,回到预备姿势;第5~8动作同第1~4拍。

教学提示:

ⅰ.本组合结合踢腿、吸伸腿和胸腰练习,在于全方面提升身体各关节灵活性、爆发力和柔韧性。

ⅱ.所有出腿动作都要保持脚面绷紧,踢腿快速完成,注意节奏的变化。

ⅲ.手臂波浪时带入呼吸。

1×8拍:前踢腿　　　　2×8拍:第1拍　　　　2×8拍:第2拍

3×8拍:侧踢腿　　　　4×8拍:第1拍　　　　4×8拍:第2拍

5×8拍:俯卧踢腿　　　　6×8拍:完成一次胸腰练习

7×8拍:俯卧踢腿　　　　8×8拍:回到直角坐姿

9×8拍:1~2拍　　9×8拍:3~4拍　　9×8拍:5~6拍　　9×8拍:7~8拍

10×8拍:1~2拍　　10×8拍:3~4拍　　10×8拍:5~6拍　　10×8拍:7~8拍

11×8拍:完成向前手臂波浪一次

12×8拍:完成向侧手臂波浪一次

图7-43　动作组合练习

2. 扶把练习

扶把练习是一种辅助形体训练的基本手段,能同时达到提高身体柔韧度与收缩肌肉纤维的目的,使身体各部位均衡发展。在借助把杆进行慢动作和分解动作练习的过程中,学习者的腿部、躯干部位的柔韧性、力量和平衡能力可得到训练和提升,髋、膝、踝的柔韧性和屈伸能力得到改善。长时间正确而规范的把杆练习能经常刺激腿部肌肉与胸背部的肌肉,从而使练习者的腿部、臀部肌肉上收,显得上身挺拔、下肢拉长、重心升高,腿部及臀部线条优美。

扶把的基本训练内容为开、绷、直、立。扶把的常用方法有两种:一是双手扶把,面向把杆,身体离把杆约两拳的距离,双手轻放在把杆上,两手距离与肩同宽,手肘下垂,肩膀放松并且下沉。二是单手扶把,身体的侧面对着把杆,单手在身体的侧前方轻扶把杆。无论采用哪种方式扶把,都要求将扶把的手轻轻放在把杆上,不能将身体的重心完全倚靠在把杆上,否则动作容易变形,也无法脱离把杆进行后续离把的练习。没有把杆的场地可借用椅子、桌子、窗台、肋木等器具代替练习。

(1)立踵练习

①双脚立踵练习

预备姿势:双手扶把,正步站立(见图7-44)。

动作方法：

第1~4拍双脚跟快速提起，脚尖着地；第5~8拍，立踵控制，慢慢还原（见图7-45）。

教学提示：

ⅰ．立踵时双脚跟尽量上提，脚尖用力向上顶。双肩放松，腿部、臀部肌肉收紧。

ⅱ．还原时身体重心落在脚掌上，保持上身不松弛。

图7-44　扶把练习的预备姿势　　　　　图7-45　双脚立踵

②双脚依次立踵练习

预备姿势：双手扶把，正步站立（见图7-46）。

动作方法：

ⅰ．第1~2拍右脚跟快速提起，脚尖着地，左脚压紧地面（见图7-47）。

ⅱ．第3~4拍左脚立踵，呈双脚立踵姿态（见图7-48）。

ⅲ．第5~6拍右脚脚跟落下，左脚脚尖着地（见图7-49）。

教学提示：

ⅰ．单脚立踵时脚跟尽量上提，脚尖用力向上顶，在双脚立踵后换腿。

ⅱ. 双肩放松,腿部、臀部肌肉收紧。

ⅲ. 还原时身体重心落在脚掌上,保持上身不松弛。

图 7-46　预备姿势

图 7-47　动作 1

图 7-48　动作 2

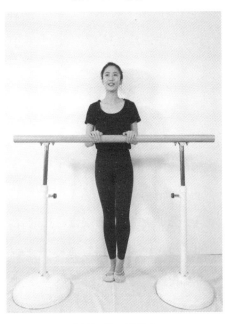

图 7-49　动作 3

③芭蕾脚位立踵练习

一位立踵：一位站立，双脚脚跟快速提起，双腿外开，立踵时脚跟相对，脚尖着地，落踵回到一位（见图7-50）。

二位立踵：二位站立，双脚脚跟快速提起，双腿外开，立踵时脚跟相对，脚尖着地，落踵回到二位（见图7-51）。

五位立踵：五位站立，双脚脚跟快速提起，双腿外开，立踵时脚跟相对，脚尖着地，落踵回到二位（见图7-52）。

教学提示：

ⅰ．立踵时双脚脚后跟尽量上提，注意双腿要外开。

ⅱ．保持身体平稳，双肩放松，腿部、臀部肌肉收紧。

ⅲ．还原时身体重心落在脚掌上，保持身体不松弛。

图7-50　一位立踵　　　　图7-51　二位立踵　　　　图7-52　五位立踵

（2）擦地练习

擦地是腿部训练的基本动作，主要训练脚背、脚腕的力量，增强肌肉的弹性和能力。

动作方法：

①向前擦地：动力腿整个平脚擦出，起步时是全脚着地向前抹，双脚一定是外开的（两脚成100度角）。先擦脚后跟向前顶起来，一节一节地向前顶，力量一直到脚尖。脚背推起，脚尖在地下点地（半脚状态）。一直向前顶，把脚背顶起来，从

大腿根转开,脚背朝外。从正面看,点地的脚尖和后面的脚后跟是对齐的。收回来时顺序相反,先把脚尖压下去,先收脚背。抹回来,脚后跟一节一节地落下来。最后一小段是全脚踩住地面抹回来,不要让脚后跟悬在空中(见图7-53)。

②向侧擦地:跟前擦的要领相同。向旁中趾方向擦,一节一节力量一直到脚尖。勾脚、绷脚,脚像翅膀一样柔软(见图7-54)。

③向后擦地:向后一定是外开的(两脚成100度角),脚尖先擦出去。脚后跟向前顶,一节一节向前顶。脚后跟一直向前顶,脚尖点地,从大腿根外转开,脚背朝外。脚后跟还要往上顶,腿绷直,脚尖跟主力腿(前脚)的后跟是对着的。把脚尖放下来,先收脚背。随着往回收,脚后跟慢慢落下来,最后一段是全脚着地抹回来(见图7-55)。

教学提示:

①擦地是整个腿部训练中的基础动作,主要训练脚背、脚腕和整个腿部的力量,增强肌肉能力,并使双脚外开。

②不论沿着哪一方向做擦地,膝关节都必须伸直,都要经过全脚、脚掌、脚趾,最后脚尖点地。

③每个方向的擦地可分别进行练习,把节拍放慢,逐渐连接起来练习。

图7-53　向前擦地　　　　图7-54　向侧擦地　　　　图7-55　向后擦地

（3）下蹲练习

蹲是腿的屈伸练习,锻炼大腿、小腿、踝部的肌肉,增强跟腱的弹性和韧带的柔韧性,使用到蹲的所有动作更为稳定,也是起跳和落地的常用动作。

准备姿势:单手扶把,一位站立。

①一位蹲

预备姿势:一位站立,右臂一位经二位侧打开成七位。

动作方法:

ⅰ.第1~4拍:上体直立,屈膝缓慢下蹲至大腿与小腿成90度角。

ⅱ.第5~8拍:两腿缓慢伸直(见图7-56)。

动作要点:两膝对准脚尖,身体垂直地、连贯地往下蹲,以不抬脚跟,蹲到最大限度为半蹲。

②二位蹲

预备姿势:二位站立,右臂一位经二位侧打开成七位。

ⅰ.第1~4拍:上体直立,屈膝缓慢下蹲至大腿与小腿成90度角。

ⅱ.第5~8拍:两腿缓慢伸直(见图5-57)。

动作要点:二位蹲时,不踮起脚跟。

③五位蹲

预备姿势:五位站立,右臂一位经二位侧打开成七位。

动作方法:

ⅰ.第1~4拍:上体直立,屈膝缓慢下蹲至大腿与小腿成90度角。

ⅱ.第5~8拍:两腿缓慢伸直(见图7-58)。

动作要点:两膝对准脚尖,身体垂直地、连贯地往下蹲,以不抬脚跟,蹲到最大限度为半蹲。

教学提示:

ⅰ.蹲和起的过程要在一种内在的对抗力量中进行。蹲和起之间不能停顿,要注意力量的平均和连贯性。

ⅱ.上体始终保持直立,肩、膝、脚尖始终要在一条直线上。

ⅲ.练习时要收腹、立腰。

图 7-56　一位蹲　　　　　图 7-57　二位蹲　　　　　图 7-58　五位蹲

（4）把杆压腿

①正面压腿

八字步站立,手臂自然垂直于体侧。

动作方法:

第1~2拍,身体侧45度面对把杆,右手臂呈三位,左手扶把,右前腿直腿绷脚面放杆上;第3~4拍上体前屈,与被压腿重叠,支撑腿伸直站立;第5~8拍上体抬起成直立,两臂呈三位(见图7-59)。换另一侧腿进行练习。

教学提示:被压腿与支撑腿要伸直,上体前屈时胸腹尽量贴紧被压腿。

图 7-59　正面压腿

②侧面压腿

动作方法：

第1~2拍，身体侧45度背对把杆，右手右臂呈三位，左手扶把，左腿直腿绷脚面放于把杆上；第5~6拍上体左侧屈，耳侧、左肩侧触及小腿，右手头上尽量触左脚；第7~8拍上体抬起成直立，还原（见图7-60）。换另一侧腿进行练习。

教学提示：被压腿与支撑腿要伸直，上体侧屈时胸腹尽量贴紧被压腿。

图7-60　侧面压腿

③压后腿

动作方法：

第1~2拍，右手臂呈三位，左手扶把，右腿伸直后举，脚面放在把杆上；第3~4拍：屈膝半蹲，上体伸直，停止不动。第5~8拍伸直膝盖，还原（见图7-61）。换另一侧腿进行练习。

教学提示：

ⅰ. 可以分别单独进行各方向的压腿练习，也可以各方向进行2小节压腿练习，2小节耗腿练习。

ⅱ. 压、耗、控腿时，保持胯正、立腰、立背。

图7-61　压后腿

(5)踢腿练习

①小踢腿练习

ⅰ.向前小踢腿

预备姿势:左脚前五位站立,左臂二位,右手扶把。

准备拍(2小节):手一位经二位侧打开七位。

动作方法:

第1拍:左脚经擦地向前方踢出25度,支撑腿伸直(见图7-62)。

第2拍:左腿前举,控制不动。

第3拍:左腿伸直下落,脚尖侧点地。

第4拍:左脚擦地还原成前五位站立。

第5~8拍:重复1~4拍动作。

第2个8拍:换右腿踢。

ⅱ．向侧小踢腿

预备姿势:左脚前五位站立,左臂一位,右手扶把。

准备拍(2小节):手一位经二位侧打开成七位。

动作方法:

第1拍:右腿经擦地向右侧踢起25度,支撑腿伸直站立(见图7-63)。

第2拍:右腿侧举,停止不动。

第3拍:右腿伸直下降,脚尖侧点地。

第4拍:右脚擦地还原成前五位站立。

第5~8拍:重复1~4拍动作。

第2个8拍:换左腿踢。

ⅲ．向后小踢腿

预备姿势:右脚后五位站立,左臂二位,右手扶把。

准备拍(2小节):手一位经二位侧打开成七位。

动作方法:

第1拍:左腿经擦地向正后方踢起25度,支撑腿伸直(见图7-64)。

第2拍:左腿后举,停止不动。

第3拍:左腿伸直下落,脚尖后点地。

第4拍:左脚擦地还原成后五位站立。

第5~8拍:重复1~4拍动作。

第2个8拍:换右腿踢。

教学提示:

ⅰ．支撑腿与摆动腿都要伸直,上体保持正直。

ⅱ．小踢腿动作经擦地向空中踢起25度,绷脚,速度要较快,有一定爆发力。

ⅲ．踢出一拍完成后,再控制一拍收回,控制好上身和胯,不要晃动。

图7-62　向前小踢腿　　　　图7-63　向侧小踢腿　　　　图7-64　向后小踢腿

②大踢腿练习

ⅰ.向前大踢腿(见图7-65)

预备姿势:右脚前五位站立,右臂一位,左手扶把。

准备拍(1小节):手一位经二位侧打开成七位。

动作方法:

第1拍:右脚经擦地伸直向前方踢起至胸前,支撑腿伸直站立。

第2拍:右腿伸直下落,经前地擦地还原成前五位站立。

ⅱ.向侧大踢腿(见图7-66)

预备姿势:右脚前五位站立,右臂一位,左手扶把。

准备拍(2小节):手一位经二位侧打开成七位。

动作方法:

第1拍:右脚经擦地伸直向侧方踢起靠近耳侧,支撑腿伸直站立。

第2拍:右腿伸直下落,脚经擦地还原成前五位站立。

ⅲ.向后大踢腿(见图7-67)

预备姿势:右腿成后五位站立,右臂一位,左手扶把。

准备拍(1小节):手一位经二位侧打开成七位。

动作方法:

第1拍:右脚经擦地踢起伸直向后方至后上举部位,支撑腿伸直站立。

第2拍:右腿伸直下落,脚经后擦地还原成后五位站立。

教学提示:

ⅰ.大踢腿难度大,爆发力强,支撑腿要用力钉住地面,支撑腿与摆动腿要伸直,上身直立,不要摇晃。

ⅱ.踢前腿、侧腿时,用脚背绷直的力量带动腿,尽量向上、向远踢,胯和上身要正,保持平稳。

ⅲ.前踢腿高度不低于头。

ⅳ.侧踢高度靠近耳侧。

ⅴ.踢后踢时,上身直立,用大腿根部的力量带动腿向正后上方踢,高度尽量接近头的后部。

图7-65　向前大踢腿　　　图7-66　向侧大踢腿　　　图7-67　向后大踢腿

(6)胸腰练习

腰是身体运动的轴心,通过腰的训练,提高腰部柔韧性和灵活性,能够在动态中塑造各种优美的形态。

①向前下腰

准备姿态:单手扶把,一位站立(见图7-68)。

动作方法:

准备拍(5、6、7、8):手从一位经二位打开成七位。

第1~4拍向前下腰,屈髋,后背挺直,手随着身体落下,用小腹去贴大腿。第5~8拍直起还原位。重复练习4×8拍(见图7-69)。

②向侧下腰

预备姿势:双手扶把,一位站立,面向把杆(见图7-70)。

动作方法:

ⅰ.准备拍(5、6、7、8):将左手经过体侧举到三位。

ⅱ.第1×8拍:第1~4拍向右下旁腰到最深度,重心在两腿之间。肩、胯、手在一条直线上;第5~8拍直起还原位。重复练习4×8拍。

ⅲ.将左手落下换右手成三位,练习另一侧旁腰(见图7-71)。

③向后下腰

准备姿势:单手扶把,一位站立(见图7-72)。

动作方法:

ⅰ.准备拍(5、6、7、8):手从一位经二位打开成三位。

ⅱ.第1~4拍向后下腰,从肩、胸、腰一节节向后下大腰,尽量向臀部靠拢。第5~8拍直起还原位,腰部先起,再依次抬起上半身。重复练习4×8拍(见图7-73)。

教学提示:

ⅰ.下腰时,腿部、臀部、腹肌要收紧,胸部上顶。

ⅱ.下前腰、后腰时,呼吸要自然,不能憋气。腰要尽量下得很深。两腿要直,双肩要正。

ⅲ.下旁腰时,一侧腰充分拉长肌肉,另一侧尽力收缩肌肉,收腹、收臀,不能出胯。

图 7-68 向前下腰预备姿势

图 7-69 向前下腰

图 7-70 向侧下腰预备姿势

图 7-71 向侧下腰

图 7-72　向后下腰预备姿势　　　　　　图 7-73　向后下腰

（7）身体波浪练习

①向前波浪

预备姿势：单手扶把，正步站立，右手从一位经二位到三位（见图 7-74）。

动作方法：

第 1～2 拍：身体前倾，手臂伸直往远，背部拉直，双腿并拢伸直（见图 7-75）。

第 3～4 拍：双腿屈膝半蹲，同时含胸低头（见图 7-76）。

第 5～6 拍：双腿向前顶髋，下腰，左臂经耳后夹紧耳侧（见图 7-77）。

第 7～8 拍：伸直身体，回到预备姿势。

②向后波浪

动作方法：将向前波浪图倒序观看。

第 1～2 拍：身体下腰，手臂伸直往远，双腿并拢伸直。

第 3～4 拍：双腿屈膝半蹲，同时含胸低头。

第 5～6 拍：身体逐渐站直。

第7~8拍:伸直身体,回到预备姿势。

教学提示:

ⅰ.动作连贯、缓慢,各关节依次屈伸,形成浪峰。

ⅱ.膝关节、髋关节、头、颈、胸要做屈伸练习。

图7-74 波浪练习预备姿势

图7-75 第1~2拍

图7-76 第3~4拍

图7-77 第5~6拍

（8）动作组合练习

①立踵组合

预备姿势：双手扶把，正步站立，双腿伸直并拢。

1×8拍：第1～4拍双脚跟快速提起，脚尖着地；第5～8拍，立踵控制，慢慢还原。

2×8拍：第1～2拍双脚跟快速提起，脚尖着地；第3～4拍，立踵控制，慢慢还原；第5～8拍动作同第1～4拍。

3×8拍：第1～2拍右脚跟快速提起，脚尖着地，左脚压紧地面；第3～4拍左脚立踵，呈双脚立踵姿态；第5～6拍右脚脚跟落下，左脚脚尖着地；第7～8拍右脚立踵，呈双脚立踵姿态。

4×8拍：双脚保持立踵姿势，静态控制。

教学提示：

ⅰ. 立踵时脚跟尽量上提。

ⅱ. 双肩放松，身体保持直立。

ⅲ. 腿部、臀部肌肉收紧。

1×8拍：1～4拍　　1×8拍：5～8拍　　2×8拍：1～2拍　　2×8拍：3～4拍

3×8拍：1～2拍　　3×8拍：3～4拍　　3×8拍：5～6拍　　3×8拍：7～8拍

图 7-78 立踵组合动作

②擦地组合(见图7-79)

预备姿势:右手扶把,左手一位手位,脚一位站立。

动作方法:

准备拍(5、6、7、8):手从一位经二位打开成七位。

1×8拍:第1~2拍左脚向前用力擦地,脚后跟先向前推,伸出约一脚距离,重心在右脚,左脚脚尖点地,脚跟提起;第3~4拍左脚尖擦地收回的同时,脚跟逐渐下压至着地,左脚收回至右脚旁,成一位。第5~8拍动作同1~4拍。

2×8拍:第1~2拍左脚全脚掌向侧擦地,伸出约一脚距离,重心在右脚,左脚脚尖点地,脚跟提起;第3~4拍左脚尖擦地收回的同时,脚跟逐渐下压至着地,左脚收回至右脚旁,成一位。第5~8拍动作同1~4拍。

3×8拍:第1~2拍左脚全脚掌向后擦地,伸出约一脚距离,重心在右脚上,左脚脚尖点地,用大脚趾内侧点地,脚跟提起;第3~4拍左脚尖擦地收回的同时,脚跟逐渐下压至着地,左脚收回至右脚旁,成一位。第5~8拍动作同1~4拍。

结束拍:右手下落回到一位。换另一侧进行练习。

教学提示:

ⅰ. 擦地是整个腿部训练中的基础动作,主要训练脚背、脚腕和整个腿部的力量,增强肌肉能力,并使双脚外开。

ⅱ. 无论沿着哪一方向做擦地,膝关节都必须伸直,都要经过全脚、脚掌、脚趾,最后脚尖点地。

准备拍　　　　1×8拍　　　　2×8拍　　　　3×8拍

图7-79　擦地组合动作

ⅲ. 可分别单独进行每个方向的擦地练习,把节拍放慢,再逐渐连接起来练习。

第三节　身体素质练习

合格的身体素质是生活中不可或缺的活动基础,我们靠肌肉行走、跑跳、搬运重物,完成许多活动,身体素质弱,会使我们不能胜任工作、学习、生活、劳动等方面的要求,还会影响生活质量和身体健康。

在进行礼仪形态训练时,训练者也应当进行与身体素质相关的练习。只有具备良好的身体素质,才能保证机体能适应大负荷的训练,否则,训练后疲劳感不易消除,很可能会影响到训练效果,甚至损害健康。另外,练习者良好的身体素质是形成稳定、良好心态的基础。直觉精确,对任务重要性和复杂性进行正确的理解和估计,思维判断敏捷,自觉地控制和调节个人情绪等品质,都建立在良好的身体素质基础之上。

一、力量素质练习

1. 下肢力量

(1)靠墙静蹲

动作方法:上身保持正直,两脚分开和自己肩宽一样的距离,脚尖与膝盖同一方向,背靠近墙壁,大腿与小腿呈90度(见图7-80)。

教学提示:

此动作是静力性练习,通过保持姿态达到锻炼目的,对于增强股四头肌和耐力非常有效。

图7-80　靠墙静蹲

（2）箭步蹲

预备姿势：右腿前，左脚脚尖点地支撑，腹部收紧，双手交叉抱头（见图7-81）。

动作方法：身体保持直立下蹲，同时弯曲两个膝关节，垂直蹲下，蹲至两个膝关节呈90度。根据练习者不同水平制定训练量，反复练习之后换一侧进行练习（见图7-82）。

图7-81　箭步蹲预备姿势

图7-82　箭步蹲

教学提示：

①下蹲时吸气,起身时呼气。

②前腿膝盖不超过脚尖,膝关节对准第二脚趾方向。

③依靠前腿支持站立,后腿辅助。

(3)左右移重心

预备姿势:腰背挺直,双腿分开站立,屈肘放于胸前(见图7-83)。

动作方法:将身体重心移到右腿,右脚膝盖弯曲,左腿保持伸直,还原至预备姿势;换另一侧腿练习(见图7-84、图7-85)。

教学提示：

①动作全程保持腰背挺直。

②脚尖与脚尖方向一致,大腿前侧会出现酸胀感。

③弯曲的膝关节不要超过脚尖。

图7-83　左右移重心预　　　图7-84　右侧移重心深蹲　　　图7-85　左侧移重心深蹲
　　　　备姿势

(4)屈膝单腿硬拉

预备姿势:身体保持直立,收腹,重心移到右侧,右腿微屈,左腿微屈向后抬抬(见图7-86)。

动作方法:上身挺直并向前屈,至躯干与地面近似平行位置,双手自然下垂,手指伸直,迅速还原到预备姿势。根据练习者不同水平制定训练量,反复练习之后换另一侧练习(见图7-87)。

教学提示：

①动作全程保持腰背挺直，腹部用力收紧。

②保持平衡稳定，锻炼下肢稳定能力。

图 7-86　屈膝单腿硬拉预备姿势

图 7-87　屈膝单腿硬拉

2. 核心力量

（1）扭腰仰卧起坐

预备姿势：练习者仰卧平躺在地毯上，双臂屈肘扶头后，双脚并拢，伸直或稍屈膝，绷脚面上举（见图 7-88）。

动作方法：1×8 拍的 1～2 拍，上体抬起向左转体 90 度，用左肘对双膝头；第3～4 拍，上体从左向右转体 180 度，用右肘对双膝头。根据情况反复练习 2×8 拍或 4×8 拍（见图 7-89）。

教学提示：

①保持抬头、挺胸、立背形态，用收腹力量控制转体动作。

②做动作时，上体尽量高抬起，胸部尽量贴近双脚。

③增强收腰腹部力量和腰部灵活性。

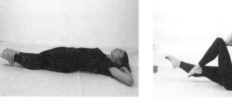

图 7-88 扭腰仰卧起坐   图 7-89 两侧侧移扭腰仰卧起坐
　　　　　预备姿势

（2）直腿仰卧起坐

预备姿势：仰卧平躺在地毯上，双腿并拢伸直，双手体侧上举（见图 7-90）。

动作方法：1×8 拍的第 1 拍，收腹、上体直立，双腿屈膝平踩地面向右转体 90度，左手向右腿方向伸延，右手向左手方向伸直。第 2 拍，控制 1 拍。第 3～4 拍还原成预备姿势。第 5～8 拍同第 1～4 拍，动作相同，方向相反。反复练习 4×8 个拍（见图 7-91）。

教学提示：

①在做动作过程中保持抬头、挺胸、立背的形态。

②利用收腹力量做上体直立转体动作。

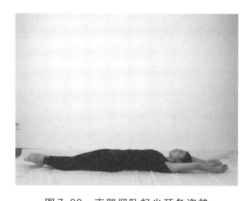

图 7-90 直腿仰卧起坐预备姿势   图 7-91 直腿仰卧起坐

（3）两头起

预备姿势：开肩仰卧平躺在地毯上，双腿并拢伸直，绷脚面，双手体侧上举（见图 7-92）。

动作方法：1×8拍的第1拍，用力收腹，使上体和双腿同时抬起超过45度，双手与脚在最高点接触；第2拍还原成预备姿势。反复练习4×8个拍（见图7-93）。

教学提示：

①动作中要保持抬头、挺胸、立背的形态。

②运用收腹的力量控制两头翘动作。

③上体和双腿尽量抬高。

图7-92　两头起预备姿势　　　　　　　图7-93　两头起

（4）下腹练习（双人配合）

预备姿势：练习者仰卧平躺在地毯上，双腿伸直并拢，绷脚面，双手抓住协助练习者的脚踝。协助练习者分腿站立于练习者肩两侧（见图7-94）。

动作方法：

①1×8拍：第1拍，练习者双腿上举90度，触及协助练习者的双手；第2拍，需有人协助练习者，用双手推练习者的双脚；第3～4拍，练习者用腹肌的控制力量使双腿伸直，有控制地轻轻落下，腿不着地（见图7-95）。

②反复练习4×8拍。双人互换练习。

教学提示：

①练习者保持双腿并拢、伸直、绷脚面，利用腹肌力量收腹、举腿和还原成预备姿势。

②协助练习者将其双腿推回至准备位置，加大练习者腹肌控制能力。

③增强腹肌收缩力量。

图 7-94　下腹练习预备姿势

图 7-95　下腹练习

（5）腰背练习（双人配合）

预备姿势：练习者俯卧在地面，双臂屈肘，双手交叉扶与头后，双腿伸直且绷脚。协助者跪立在地上，双手压住练习者双脚（见图 7-96）。

动作方法：

1×8拍：第 1~2 拍，练习者上体后屈；第 3~4 拍，回落呈预备姿势；第 5~8 拍同 1~4 拍（见图 7-97）。

2×8拍：双手前举，练习者上体尽量抬起，在最高点控制 1 个 8 拍。反复练习多次，双人互换练习。

教学提示：

①做动作时，上体用力成后屈形态。

②协助练习者要用力按住练习者双脚，帮助其完成动作。

③增强腰背力量。

图 7-96　腰背练习预备姿势

图 7-97　腰背练习

（6）俯卧起腿

预备姿势：俯卧平躺在地毯上，双腿并拢伸直绷脚面，双手上举贴于耳侧（见图7-98）。

动作方法：

①1×8拍：第1～2拍，双腿略抬高离地面，尽量向上；第3～4拍，落回预备姿势；第5～8拍同1～4拍（见图7-99）。

②此动作还可以静态练习，双腿于最高点控制4×8拍。

教学提示：

①动作中保持开肩、挺胸、立腰、立背、双腿伸直、绷脚面的形态。

②伸直双腿，上抬始终离开地面，动作速度稍快。

③上体不要借力，紧紧贴于地面。

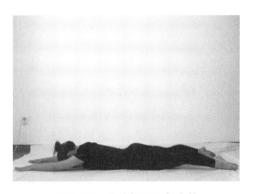 

图7-98　俯卧起腿预备姿势　　　　　　　　图7-99　俯卧起腿

（7）俯卧两头起

预备姿势：俯卧平躺在地毯上，双腿并拢伸直，绷脚面，双手上举贴于耳侧（见图7-100）。

动作方法：

①1×8拍的第1拍，上体和双腿同时抬起超过45度，双手与脚往最高点发力。第2拍还原成预备姿势。反复练习4×8个拍（见图7-101）。

②此动作还可以静态练习，双手双脚在最高点控制4×8个拍。

教学提示：

①动作中要保持抬头、挺胸、立背的形态。

②运用腰背肌的力量控制两头翘动作。

③上体和双腿尽量抬高。

图 7-100　俯卧两头起预备姿势

图 7-101　俯卧两头起

（8）平板支撑

动作方法：手肘撑于地面，脚掌着地，身体呈一条直线（见图 7-102）。

教学提示：

①肘关节和肩关节与身体都要保持直角。

②任何时候都要保持身体挺直。

③支撑时要收腹，但不能塌腰。

④根据练习者实际情况灵活把握。

图 7-102　平板支撑

3. 上肢力量

（1）跪姿俯卧撑

预备姿势：跪膝俯撑，双膝弯曲着地，两手的距离大于肩部宽度约60厘米（见图7-103）。

动作方法：1×8拍前的第1～4拍，屈肘，同时上体接近支撑面，与肘的高度一致；第5～8拍，双臂用力并将自己的身体推离支撑面。根据自己的情况反复练习（见图7-104）。

教学提示：在做动作时保持背部的平直，收腹并使头部与脊椎骨保持在一条直线上。

图7-103　跪姿俯卧撑预备姿势

图7-104　跪姿俯卧撑

（2）直腿仰卧后撑

预备姿势：双腿伸直，下肢放松，脚后跟着地，双手撑于地面（见图7-105）。

动作方法：绷紧肩部，手臂后侧发力做屈伸运动（见图7-106）。

教学提示：

①肩部全程保持紧绷，用掌跟支撑。

②手臂后侧发力，弯曲幅度尽可能地大。

图 7-105　直腿仰卧后撑预备姿势

图 7-106　直腿仰卧后撑

二、柔韧性练习

柔韧性练习能够调整肌肉紧张度、改善学习者的不良身体姿态,尤其是由双侧肌肉紧张度不同带来的力量不均衡而造成的不良姿势,如斜肩、驼背等,而运动前进行适当的拉伸能增加身体的弹性和延展性,可以有效地降低受伤风险。

相关研究表明,动态拉伸时更多的肌肉群协同工作,缓慢的静态拉伸则有助于减轻运动后肌肉酸痛。拉伸能够降低腘绳肌、臀屈肌、股四头肌等骨盆周围的肌肉的压力,并减少由此产生的累积毒素,使肌肉放松,从而减轻疲劳。拉伸还可以提高组织温度,促进血液循环和营养物质运输,从而增加周围组织的弹性、提高其新陈代谢速率。伸展运动还能增加关节滑液的分泌,使关节润滑,并为关节软骨提供更多的营养物质,灵活的关节在突然运动中更不易受伤。

由此可知,进行柔韧性练习不仅能够收获多种生理性上的益处,更有助于放松身心,减轻疲劳,带来高度的幸福感和个人满足感。

1. 坐位体前屈

预备姿势:练习者直角坐在地面,立腰、立背、头向上顶、绷脚,双手呈三位手(见图 7-107)。

动作方法:1×8 拍的第 1~4 拍完成上体前倾,双手尽可能碰到脚尖;第 5~8 拍回到预备姿态。前压至最大限度,反复练习 4×8 拍(见图 7-108)。

教学提示:

①完成上体动作时,应控制好双腿并拢、伸直、收紧、绷脚的形态。

②前压时上身尽量往远延伸,背拉直,尽量胸贴近大腿。

③通过练习课增强腿部前韧带的柔韧性。

图7-107　坐位体前屈预备姿势

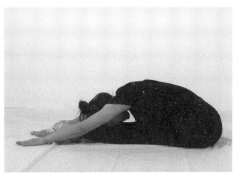

图7-108　坐位体前屈

2. 开胯练习

动作方法:练习者坐在地面,双腿屈膝,脚尖点地,双手撑于膝关节处,使膝盖尽可能靠近地面(见图7-109)。

教学提示:

①保持立腰、立背,腿用力下压。

②练习者应控制好上体形态,大小腿折叠,尽量靠近身体,双膝用力下振,靠近地面。

③通过练习可以增强髋关节的灵活性。

图7-109　开胯练习

3. 坐姿屈腿压腿

动作方法：

压前腿练习：左腿向前伸直，后腿右腿弯曲，上体直立，双手体侧指尖点地（见图7-110）。

压后胯练习：伸直，右腿大小腿折叠跪坐，上体直立，双手体侧指尖点地（见图7-111）。

教学提示：

①保持抬头、挺胸、立腰、立背的形态，后腿伸直。

②髋关节尽量贴近地面。

图7-110　坐姿屈腿压前腿　　　　　　　　图7-111　坐姿屈腿压后腿

4. 竖叉

动作姿势：双腿膝盖伸直保持一条直线，前腿脚背朝上，后腿脚背向下，手指点在身体两侧（见图7-112）。

教学提示：

①练习者要保持立腰、抬头、挺胸的姿态。

②前腿尽量向外侧打开并伸直，脚背朝上，绷脚面。

③保持重心平衡，不要左右倾倒，练习者要将胯放正。

图 7-112　竖叉

5. 横叉

动作方法:练习者分腿做,上体前倾,尽量使胸部靠近地面,双臂前伸,手心向下(见图 7-113)。

教学提示:

①双腿尽量向侧打开并伸直,绷脚。

②向前压腿时双手沿地面延伸,胸、腹贴地面。

③通过练习增强腿部的柔韧性。

图 7-113　横叉

6. 侧压腿

动作方法:两拍一压,1×8拍的第1～2拍,上体水平左侧倒;第3～4拍上体直立。反复练习4×8拍,侧倒至最大限度,做4×8拍。换方向练习(见图7-114、图7-115)。

教学提示：

①做侧压时,应双肩水平侧倒,带动上体完成动作。

②向侧伸直的腿,要伸直绷脚,从大腿根处外旋打开。

③向侧压腿要保持后背挺直。

④通过练习可以增强上体控制能力及腰、腿部的柔韧性。

图7-114　左侧压腿　　　　　　　　　　图7-115　右侧压腿

7. 肩关节柔韧性(双人练习)

动作方法：

①手扶一定高度体前屈压肩。

②双人手扶对方肩,体前屈直臂压肩。

③面对墙一脚距离站立,手、大小臂、胸触墙压肩(逐渐加大脚与墙的距离)。

④两人互相以手搭肩,身体前倾,向下有节奏地压肩(见图7-116)。

图7-116　肩关节柔韧性双人练习

教学提示：

①练习者应控制好上体形态,手臂伸直,肩关节用力下振。

②通过练习可以增强肩关节的灵活性。

8. 俯卧胸腰

预备姿势:俯卧于地面,身体呈一条直线,绷紧脚背,双手上举贴于耳侧(见图7-117)。

动作方法:第1～4拍双手伸直撑于地面,手臂尽量靠近髋关节,身体呈后屈至最大幅度(见图7-118);第5～8拍落回预备姿势。反复练习4×8拍。

教学提示：

①充分进行准备活动,防止受伤。

②下腰时头后仰。

图7-117　俯卧胸腰预备姿势

图7-118　俯卧胸腰

9. 跪姿下胸腰

预备姿势:跪立上体正直,双手托腰(见图7-119)。

动作方法:1×8拍的第1～4拍,向后下腰;第5～8拍落回成预备姿势(见图7-120)。

教学提示：

①起腰时,要用腰带动上体挑起。

②尽可能下腰到最大幅度。

图 7-119　跪姿下胸腰预备姿势

图 7-120　跪姿下胸腰

参考文献

[1]陈元飞．西方文化影响下的女士着装礼仪[J]．山东纺织经济,2008(3):89.

[2]杜宝三．礼仪常识读本[M]．兰州:甘肃人民出版社,2012.

[3]郭玉锦．礼貌礼节[M]．北京:知识出版社,2006.

[4]何奇彦．商务礼仪[M]．北京:北京理工大学出版社,2017.

[5]贺明亮,肖玉浪．当代大学生面试礼仪教育之我见[J]．魅力中国,2019(35):
204-205.

[6]侯红杰．礼仪[M]．上海:东华大学出版社,2005.

[7]江又明．当代高校礼仪教育的反思与构建[J]．科教文汇(上旬刊),2018(10).

[8]礼多人不怪之公共场所礼仪篇[J]．农村百事通,2020(4):23.

[9]李慧中．跟我学礼仪[M]．北京:中国商业出版社,2001.

[10]联英．白领应懂的职场着装技巧之一:女士着装技巧[J]．劳动保障世界,
2011(10):36.

[11]刘吉力等．中国礼仪:言谈礼仪[M]．沈阳:东北大学出版社,2018.

[12]马保奉．名片的礼仪[N]．人民日报海外版,2012-02-11(003).

[13]马淑燕．TPO着装规则在现代女装设计上的应用[J]．设计,2012(10):
42-43.

[14]彭林．中国古代礼仪文明[M]．北京:中华书局,2013.

[15]史金红,李晓红．现代礼仪[M]．天津:天津科学技术出版社,2009.

[16]孙冬青．试论新时期高校意识活动的德育价值[J]．学校党建与思想教育,
2016(8).

[17]田晓娜．礼仪全书[M]．北京:人民中国出版社,1998.

[18]汪连天．职场礼仪心得(之四) 职场迎送礼仪[J]．工友,2009(4):58-59.

[19]王辉．日常礼仪的300个关键细节[M]．重庆:重庆出版集团,2011.

[20]王琳.介绍礼仪之浅见[J].中国校外教育,2014(15):114.

[21]吴良勤,李展.民间礼仪常识与应用文书写作[M].南宁:广西人民出版社, 2010.

[22]夏志强,翟文明.礼仪常识全知道[M].北京:华文出版社,2010.

[23]向多佳.职业礼仪[M].成都:四川大学出版社,2006.

[24]熊经浴.现代文明礼貌用语手册[M].北京:金盾出版社,2012.

[25]袁涤非.现代礼仪[M].北京:高等教育出版社,2014.

[26]张亚珍,徐明玉.中国日常交际礼仪研究[J].才智,2014(6):270.